Band 55

Schriften zum Notarrecht

Herausgegeben von der
Deutschen Notarrechtlichen Vereinigung e.V. (NotRV)

Moritz Brinkmann | Mathias Schmoeckel (Hrsg.)

Registerwesen

Grundlagen, Rechtfertigung, Potentiale

Nomos

Onlineversion
Nomos eLibrary

Die Deutsche Nationalbibliothek verzeichnet diese Publikation in der Deutschen Nationalbibliografie; detaillierte bibliografische Daten sind im Internet über http://dnb.d-nb.de abrufbar.

ISBN 978-3-8487-6543-0 (Print)
ISBN 978-3-7489-0629-2 (ePDF)

1. Auflage 2020

Inhalt

Zur Einführung: Registerzwecke

Mathias Schmoeckel

I. Einleitung

Register standen bisher kaum im Fokus der Forschung, erst recht nicht, wenn es um eine allgemeine Annäherung geht. Anders als bei Archiven gibt es auch keine gesetzliche Definition, oft werden Register auch nur als Verzeichnisse bezeichnet. So viel es an Schrifttum zu einzelnen Registern wie etwa dem Grundbuch durchaus geben mag, so wenig ist zum Phänomen des Registers überhaupt bekannt.[1] Bestenfalls wird bisher auf das „zersplitterte Registerrecht" verwiesen, was eher eine Untertreibung ist. Ohne Zweifel ist das Registerwesen jedoch eine Grundlage unserer Gesellschaft und Staatlichkeit, ein elementares Mittel der öffentlichen Verwaltung und Planung. Umso wichtiger ist es, diesem so weit verbreiteten wie alten Mittel der öffentlichen Verwaltung mehr Aufmerksamkeit zu geben. Versuchen wir also, uns dem Phänomen, seinen Zielen und Problemen, vorsichtig zu nähern!

Register bewirken wesentlich und vor allem öffentliche Kenntnis, indem sie das private Wissen der Einzelnen bündeln, der Öffentlichkeit oder dem Staat zugänglich machen und als Grundlage weiterer Entscheidungen dienen. Denn ungleich dem Archiv dient das Register nicht einfach nur als Gedächtnis, sondern bereitet Aktionen vor. Natürlich können auch Privatpersonen Verzeichnisse für die Vorbereitung eigener Aktionen anlegen, doch meist fehlt es hier im Ergebnis an Stetigkeit und Dauer. Darum soll dies im Folgenden nicht behandelt werden.

Ein erster Blick auf den Ursprung des Registerwesens zeigt, dass dieses als Phänomen sehr alt ist, wie uns schon die Weihnachtsgeschichte zeigt: „Es begab sich also zu der Zeit, dass ein Gebot von dem Kaiser Augustus ausging, dass alle Welt geschätzt würde. Und diese Schätzung war die allererste und geschah zu der Zeit, da Cyrenius Landpfleger in Syrien war. Und jedermann ging, dass er sich schätzen ließe, ein jeglicher in seine Stadt." Auch wenn die Historizität dieser konkreten Steuerschätzung nicht belegt

1 Alexander Krafka, Registerrecht, (Handbuch der Rechtspraxis, 7), 11. Aufl. München 2019, beginnt auch unmittelbar mit dem Handelsregister.

ist, so war dies doch eine allgemein bekannte Verwaltungspraxis im römischen Reich. Diese Steuerschätzung sollte erfassen, wer wo steuerpflichtig war. In Verbindung mit der damals auch notwendigen privaten Steuererklärung konnte das Kaiserreich dann die individuelle Steuerpflicht festlegen.

Register sind nicht nur alt, sondern weisen auch eine vielseitige Geschichte auf. Wenn wir von den Kölner Schreinsbüchern absehen, sind die Kirchenbücher des 16. Jahrhunderts der nächste Schritt der Entwicklung. Sie dokumentierten die Ehe und wiesen damit die Legitimität der Kinder sowie ihre Erbberechtigung aus. Auf diese Weise wurde dem Prinzip der legitimen Ehe Durchsetzung gewährt. Von verschiedenen einzelnen Registern abgesehen, kam es am Ende des 19. Jahrhunderts zur ersten Explosion von Registern mit der Einführung von Katastern, Grundbüchern und Handelsregister bei Gerichten. Das 20. Jahrhunderte hindurch wurden stets weitere Register eingerichtet, z.B. sogar im Strafrecht das Bundeszentralregister eingetragener Straftaten. Auch diese Geschichte der Register ist vollständig unerforscht, wenn man von Einzelstudien etwa zu den Kölner Schreinsbüchern absieht.

Der historische Überblick zeigt auch, wie unterschiedlich die Register im Laufe der Zeit und bis heute in Bezug auf ihre Erscheinungsweisen, Formen, Funktionen und Wirkungsweisen sind. Damit kommen wir zur grundsätzlichen Frage, ob es sich bei den vielen Registern überhaupt um ein einheitliches oder geschlossenes Phänomen handelt. Dafür müssten wir nun mehr über die Register wissen. Kaum wird die Frage der Register bei den Formen des Rechts oder den klassischen Beweismitteln behandelt. So selbstverständlich die einzelnen Register sind, so selbstverständlich wurden sie offenbar bisher in der Jurisprudenz hingenommen. Doch diese Zeiten sind inzwischen vorbei, weil sich hier Grundfragen unserer Zeit auftun.

II. Ziele

Schauen wir nun auf die Ziele der Register, können wir im Vorgriff auf die notwendigen Untersuchungen tentativ postulieren: Das Register hilft dem Staat, die notwendigen Kenntnisse über Individuen und ihre Rechtsverhältnisse zu gewinnen und danach Rechtsfolgen zu bestimmen. Nicht immer muss dabei der Staat agieren. Im Fall des Grundbuchs handelt es sich zweifellos um Rechtsgeschäfte des Geschäftsverkehrs nur unter Privaten. Der Käufer verlässt sich allerdings auf die Angaben des Grundbuchs und darf dies auch auf der Grundlage des öffentlichen Glaubens. Diese besondere Wirkung des Grundbuchs liegt in seiner positiven und negativen Wirkung.

Man kann einige Elemente als Charakteristika des Registers bereits ausschließen:

- Im Fall der Steuerverwaltung dient das Verzeichnis der Steueridentifikationsnummern der Bestimmung der richtigen Besteuerung. Doch das Strafregister hat keine fiskalische Bedeutung. Diese Funktion gilt also nicht für alle Register.
- Register werden auf Bundesebene, z.B. von dem Bundesamt für Justiz oder dem Kraftfahrtbundesamt, geführt, teilweise aber auch auf Landesebene oder durch Gerichte, z.B. das Handelsregister oder das Grundbuch. Doch nicht jedes Register wird staatlich geleitet. Das Testamentsregister etwa wird von Notaren, konkret der Bundesnotarkammer geleitet: Diese ist freilich durch Gesetz eingerichtet und ist dadurch eine Behörde. Natürlich kann man Register auch durch Private als Beliehene führen lassen. (Beispiel: Bundesanzeiger Verlag GmbH zur Führung des Transparenzregisters). Die staatliche Leitung gehört also auch nicht zum Kennzeichen der Register und das schon mindestens seitdem im 16. Jahrhundert die Kirchenbücher eingeführt wurden.

Allgemein gelten jedoch folgende Voraussetzungen:

- Die Register halten Daten über Menschen und ihre Rechtsverhältnisse von ihrer Geburt bis zum Tod fest, darunter Ehestand, Straftaten und Testamente.
- Sie gewähren den staatlichen Instanzen jene Informationen, die für die weiteren Entscheidungen über Ansprüche, Behandlung durch den Staat bis zur Anerkennung der Nachlassverteilung relevant sind. Anstelle der Vorbereitung staatlicher Entscheidungen können jedoch auch nur Rechtswirkungen wie der gute Glaube ausschlaggebend sein. Insoweit bereiten Register Entscheidungen vor, egal ob sie dann von Privaten oder staatlicherseits vorgenommen werden.
- Spielen Register also bei der Vorbereitung einer staatlichen oder privaten Entscheidung eine Rolle, könnte man wohl auch andere Formen der Kenntnisverschaffung nutzen. Das Register wie das Archiv dient dabei der Vereinfachung.
- Durch die weitgehend vollständige Erfassung des Volkes wird im Ergebnis auch Gleichheit erzielt.

- Es werden damit auch Funktionen der Gerechtigkeit verfolgt. Das schließt nicht aus, dass auch strafrechtliche Register einer wirtschaftlichen Betrachtungsweise unterzogen werden können.

Vielleicht können wir provisorisch mit einer solchen Definition arbeiten.

III. Problemfelder

1. Die Macht des Wissens: von der Staatsabwehr zum staatlichen Schutz der Informationen

Zu den klassischen Problemfeldern gehört zunächst die Frage, wieviel Macht die Bürger bei solchen Registern an den Staat abgeben. Eine Steuerzählung oder die berühmte erste Liste der Abgabepflichten in England, das Domesday Book, stärken die öffentliche Macht. Das geht über den fiskalischen Erfolg hinaus, macht diese Erfassung doch die Unterordnung des Subjekts unter die Krone deutlich.

Von der Seite des Staates aus kann kaum genügend Kenntnis gewonnen werden: Der gläserne Bürger ist letztlich auch der sicherlich gesetzestreuste Bürger. Wer dagegen ankämpft, macht sich unweigerlich verdächtig, statt der Freiheit bloß unrechtmäßige Machenschaften zu verteidigen.

Während wir gegenüber dem Staat meist noch den Reflex haben, die Datenbekanntgabe zu begrenzen, hat sich die Lage in etwas mehr als dem letzten Jahrzehnt dramatisch verändert. In den sozialen Medien geben viele ohne jede Bedenken Informationen preis, ohne an die Folgen zu denken. Auch wenn das den Schluss nicht rechtfertigt, dass dann auch der Staat alles wissen könne, das wäre ein unzulässiger Schluss *ad maiorem*, stellt sich nun die Frage, wie der Bürger gegen solche datensammelnden sozialen Medien oft aus anderen Staaten geschützt werden kann. Insofern taucht auf einmal der Staat, evtl. über Staatenverbünde, als der letzte Schutz gegen Datenkraken auf. Insofern haben wir nicht mehr die klassische Konfrontation von Bürger gegen Staat, sondern ein komplexes Verhältnis von mindestens drei Seiten.

Wir stellen also fest, dass sich mit diesem Dreiseitenverhältnis die Interessen des Bürgers verschoben haben. Der Staat erobert sich nicht nur Macht durch Wissen über den Einzelnen, sondern gewährt auch den notwendigen Datenschutz.

2. Welche Daten können veröffentlicht werden?

Bei der Diskussion eines Grundbuchs war Großbritannien in der Frühen Neuzeit überzeugt, dass nach dem Grundsatz „my home is my castle" gerade Fragen nach dem Wohnsitz der Familie den Staat kaum etwas angehen können, damit auch die Frage wem ein Grundstück gehört. Dagegen muss sich das alte Grundbuch heute kritisieren lassen, nicht genügend Einblick zu gewähren, jedenfalls nicht hinsichtlich des wirtschaftlichen Eigentümers. Das ist insbesondere dann gegeben, wenn ein intransparenter Eigentümer eingetragen wird, etwa eine juristische Person, die den wahren Entscheidungsberechtigten verbirgt. Hier rächen sich vielleicht Missgriffe im Gesellschaftsrecht, wie in der Form der Limited oder der Zulassung anderer ausländischer Rechtsformen.

Die Abgrenzung zwischen privaten und kommunizierbaren Daten ist heikel. Als wir in der Tagung zur Übertragung von Immobilienrechten im internationalen Vergleich während des Vortrags des estnischen Kollegen via Internet den Grundbucheintrag seiner Doktormutter mit allen eingetragenen Schuldtiteln einsehen konnten, hielten nicht nur die Deutschen die Luft an, weil hier alle, und eben nicht nur berechtigt Interessierte Einblick nehmen konnten.

Aber auch hier hat sich die Situation grundlegend geändert. Die Daten, die einzelne Menschen produzieren, sind alle irgendwie publik: Von der Geburt bis zum Tod, von den Zeugnissen bis zur Einstellung und Freistellung. Alles wird gespeichert, und soweit es keine öffentliche Stelle ist, spiegeln sich diese Daten zumindest dann, wenn es um die steuerliche Erfassung der Daten geht. Spätestens im Finanzamt ist der gläserne Steuerzahler längst Realität. Irgendwann werden keine Daten mehr in Schrift und Ordnern abgelegt sein, sondern nur noch in elektronischer Form im Netz oder der Cloud existieren. Das Zeitalter der Informationstechnologie verändert hier nicht nur die Form der Kommunikation, sondern auch die Problemlage.

Es geht damit längst nicht mehr um die Abwehr des Staates, sondern um wirksamen Schutz der Daten eines Menschen. Erforderlich sind damit Grundlagen einer mit den Daten verantwortungsvoll umgehenden Verwaltung. Ist der Staat, wie es in Estland der Fall ist, derjenige, der mittels eines ausgeklügelten Systems der Interaktion zwischen den Behörden sicherstellt, dass die Daten nur einmal erklärt werden müssen, nur in einer zuständigen Stelle dauerhaft erfasst sein dürfen und wer wann dort abfragen darf, ist der Staat dann wieder jene kraftvolle Einheit, die dem Einzelnen gegen Missbrauch durch unrechtmäßige Erfassung und Verwendung von Daten zur Seite stehen kann.

- Mit dem Grundsatz, dass der Bürger dem Steuerzahler die Daten nur einmal zur Verfügung stellen braucht, wird an der Vereinfachung gearbeitet.
- Anträge müssen in Estland nicht mehr gestellt werden, wenn der Anspruch sich aus dem Gesetz ergibt. Wird die Geburt des Kindes dem Familienregister angezeigt, so müssen die anderen Ämter ggf. das Kindergeld gewähren und die Steuerstufe ändern.
- Dafür gilt der Grundsatz, dass jedes Datum nur an einer Stelle gespeichert wird. Dadurch wird Missbrauch mit beliebiger Verknüpfung verhindert. Das Amt ist dagegen dazu verpflichtet, alle Ämter zu informieren, die daraus Folgen ziehen müssen; sie speichern wiederum nur ihre Entscheidung, nicht alle erforderlichen vorlaufenden Informationen.

So könnte auch in Deutschland eine öffentliche Verwaltung der Daten aussehen, die sich mehr den Zielen der Vereinfachung, Gerechtigkeit und des Datenschutzes verschreibt.

Der öffentliche Datenschutz ist jedoch kaum wirksam, wenn der einzelne Mensch seine Daten allzu bereitwillig im Internet gegenüber einer unbegrenzten Vielzahl von Unbekannten mitteilt. Falls der Einzelne nicht lernt, mit seinen Informationen sorgfältiger umzugehen, werden hier irgendwann neuartige Schutzmechanismen notwendig werden.

IV. Vorgehensweise

Wir brauchen also eine Annäherung an ein allgemeines Registerrecht, um so die Positionen und Eigenheiten der einzelnen Register bestimmen zu können. Es handelt sich offenbar um eine rechtswissenschaftliche Aufgabe, die über das Zivilrecht weit hinausgeht. Ich freue mich daher, dass wir im Kreis verschiedener Kollegen diese Aufgabe in Angriff nehmen wollen. Ich danke allen Kollegen der Fakultät, sie hier aufzugreifen und so wichtige Beträge zu unserem Projekt beizusteuern.

- Johannes Richter und Moritz Brinkmann nehmen aus der Perspektive des Zivil- und Zivilverfahrensrechts die allgemeinen Fragen in Angriff und beleuchten dabei vor allem den Aspekt des Verkehrsschutzes. Da dem Grundregister eine im wahrsten Sinne grundlegende Bedeutung zukommt, ist es ihr Verdienst, uns an dessen Prinzipien zu erinnern und die Funktion des Verkehrsschutzes zu erläutern.
- Alexander Morell bestimmt von einer rechtsökonomischen Sicht, um welche Interessen es sonst in abstrakter Betrachtungsweise gehen kann

und wie diese Ziele verwirklicht werden könnten. Er zieht dabei ebenfalls das klassische Grundregister als Ausgangspunkt heran.

- Foroud Shirvani untersucht aus verfassungsrechtlicher Seite die Aufgaben und Grenzen des Registers. Zwar werden Register im Grundgesetz nicht erwähnt, doch geht es hier um die Grundlagen der Staatlichkeit sowie der Abgrenzung von Rechten und Pflichten zwischen dem Staat und seinen Bürgern.
- Im Strafrecht steht das Schutzbedürfnis der Allgemeinheit naturgemäß stärker im Vordergrund. Gelten unsere Überlegungen also auch hier? Torsten Verrel untersucht daher nicht zuletzt im Hinblick auf das Ziel der Resozialisierung, wie das Strafregister zu behandeln ist.
- Ein kurzer rechtshistorischer Überblick sollte die Betrachtungen ursprünglich abschließen. Ich will Sie jedoch nicht mit meinen Ausführungen doppelt belästigen und noch einmal in extenso von Augustus bis zum Testamentsregister der Bundesnotarkammer mit den verschiedenen Formen und Akteuren des Registerwesens behelligen. Ich kann mich mit rechtshistorischen Ausführungen schon deswegen zurückhalten, weil wir in einem jüngst veröffentlichen Werk zur Geschichte des Notariats einen Beitrag von mir veröffentlichten u.a. zur Entwicklung des Beweisrechts seit 1800. Dort fiel mir die deutliche Zunahme der Register um 1900 auf. Zudem ließe sich eine solche zusammenfassende Beschreibung erst dann verantwortlich verfassen, wenn die dringend erforderliche rechtshistorisch-vergleichende Tagung zum Registerwesen unsere Perspektive erweitert hat.

Wir versuchen also, aus den verschiedenen Perspektiven der Rechtswissenschaft das Phänomen des Registerrechts zu bestimmen. Wie schön, dass wir diese Tagung mit Kollegen aus unserer Fakultät besetzen konnten; ich danke herzlich für die Zusagen und die Möglichkeiten, solche fachüberschreitenden rechtswissenschaftlichen Fragen gemeinsam bearbeiten zu können! Kommen wir am Ende der Tagung zu einer Kongruenz oder wird sich die Verschiedenartigkeit im Wesentlichen feststellen lassen?

Besonders froh bin ich über die Beteiligung vom Bundesamt für Justiz. Gleichzeitig ist uns bewusst, dass die diversen Register des Bundesamtes für Justiz sehr verschieden sind und sich daher nur begrenzt für eine Betrachtung bei dieser Tagung eignen. Gerade hieraus ergibt sich der Forschungsbedarf einer phänomenologischen und dogmatischen Erfassung. Wir haben also noch viele Register zu sichten und auf ihre Besonderheiten hin einzuschätzen, bevor wir bei einem „allgemeinen Registerrecht“ wirklich angekommen sind. Ich würde mich über die Zusammenarbeit mit dem Bundesamt sehr freuen!

Eine solche Unterscheidung des Allgemeinen vom Besonderen aus deutscher Sicht könnte schon deswegen notwendig sein, wenn wir irgendwann stärker zur europaweiten Erfassung von Daten gelangen wollen. Wir kennen die Probleme der Zusammenarbeit bei der Strafverfolgung. Die unterschiedlichen Zwecke, Vorverständnisse und Befindlichkeiten erschweren hier sicherlich die Möglichkeiten einer effektiven, grenzüberschreitenden polizeilichen Zusammenarbeit.

Diese Tagung ergibt sich aus verschiedenen Vorarbeiten unseres Instituts für Notarrecht der vergangenen Jahre. Das Thema Registerrecht soll uns sogar noch weiter beschäftigen. Es ist doch sehr wahrscheinlich, dass dieses Thema von verschiedenen Nationen aus ganz unterschiedlich betrachtet wird. Wir werden daher 2020 einen Vortrag aus estnischer Sicht dazu hören. Bundeskanzlerin Merkel ließ sich schon 2016 bei ihrem Besuch in Estland durch die dortige Modernität beeindrucken; viel getan hat sich in Deutschland seither leider nicht.

In diesem Kontext ist auch ein durch das Rheinische Institut für Notarrecht organisierter Vortrag am 14.11.2019 von Maître Gresser, einem elsässischer Notar, zum besonderen Recht in Elsaß-Lothringen relevant. 1925 führte Frankreich dort sein Recht (wieder) ein, doch einiges wurde aus der deutschen Zeit beibehalten: Das Grundbuch, die Firmen- und das Familienregister. Worin lagen die Gründe, diese registerrechtlichen Regelungen beizubehalten? Wenn sie als praktisch empfunden wurden, warum wurden sie nicht im übrigen Frankreich eingeführt? Offensichtlich empfand der Gesetzgeber von 1925, dass man dieses „deutsche“ Recht nicht überall zumuten könne.

Es wird damit deutlich, dass wir demnächst eine rechtsvergleichende Tagung benötigen, in der einige ausgewählte Staaten über ihre Register und ihre Erfahrungen damit berichten.

Pascal Förster und dem Team des Instituts für Notarrecht ist sowohl die Durchführung der Tagung als auch die Realisierung des Bandes zu verdanken. Hier möchte ich besonders noch Helena Falke, Fine Dortmann, Thomas Dirksen, Melvin John und Jonas Neuhoff nennen. Allen danke ich herzlich für die professionelle, kompetente und zuverlässige Hilfe.

Verkehrsschutz durch Register

Johannes Richter und Moritz Brinkmann

I. Einleitung

Register sind Instrumente zur Sammlung, Speicherung, Ordnung und Verteilung nicht anonymisierter und nicht aggregierter Informationen, die dem öffentlichen Interesse dienen.[1] Register können durch den Staat (Bsp. Bundeszentralregister, Handelsregister, Grundbuch) oder von Privaten unter staatlicher Aufsicht geführt werden. Sie können für grundsätzlich jedermann einsehbar sein (Bsp. Handelsregister, Rechtsdienstleistungsregister, Insolvenzregister), den Zugang an bestimmte Voraussetzungen knüpfen (Grundbuch) oder nur einem bestimmten Personenkreis, z.B. Trägern eines öffentlichen Amtes, zugänglich sein (Testamentsregister, Fahreignungsregister, Bundeszentralregister, Schuldnerverzeichnis nach § 802k ZPO).[2]

Ein öffentliches Interesse an der Einrichtung eines Registers kann aus ganz unterschiedlichen Gründen bestehen, die keineswegs nur rechtlicher Art sein müssen, wie etwa das Deutsche Elektronische Melde- und Informationssystem für den Infektionsschutz (DEMIS) zeigt, das vom Robert-Koch-Institut geführt wird. Im Vordergrund der folgenden Ausführungen sollen jedoch die Register mit (privat-)rechtlich relevanten Inhalten stehen. Diese Register dienen in erster Linie der Rechtssicherheit und dem Verkehrsschutz.

Rechtssicherheit lässt sich verstehen als die Gewissheit des Rechtsinhabers, sein Recht nicht gegen seinen Willen zu verlieren. Verkehrsschutz ist der Schutz der Parteien eines Rechtsgeschäfts davor, dass das Rechtsgeschäft sich nachträglich als unwirksam erweist. Rechtssicherheit und Verkehrsschutz stehen in einem Spannungsverhältnis, wenn sich das Rechtsgeschäft auf ein Recht bezieht, das einem Dritten zusteht. In einer solchen Situation kann eine Rechtsordnung den Rechtsverkehr auf Kosten der

---

1 Auskunfteien, wie etwa die SCHUFA oder Creditreform, unterfallen daher nicht dem Begriff des Registers, wie er hier verwendet wird.

2 Nach Art. 15 DSGVO kann allerdings grds. stets die betroffene Person Auskunft über die gespeicherten Daten verlangen.

Rechtssicherheit (etwa durch gutgläubigen Erwerb, Ersitzung, Verjährung) oder den wahren Berechtigten und damit die Rechtssicherheit auf Kosten des Rechtsverkehrs (kein gutgläubiger Erwerb möglich) schützen.

Man kann es vermeiden, Rechtssicherheit und Verkehrsschutz in der beschriebenen Weise gegeneinander auszuspielen, wenn die Verkehrsteilnehmer leicht erkennen können, wem das Recht tatsächlich zusteht. Denn dann besteht kein Bedürfnis und keine Rechtfertigung für Eingriffe in die Rechtssicherheit, weil ein etwaiges Vertrauen in die Verfügungsbefugnis des Nichtberechtigten nicht schutzwürdig ist. Der Rechtsverkehr wird hier also dadurch geschützt, dass die Verkehrsteilnehmer einen Irrtum über die wahre Rechtslage leicht vermeiden können. Ein Weg, die hierfür erforderliche Transparenz herzustellen, ist die Veröffentlichung der Rechtsinhaberschaft in einem Verzeichnis.

Das deutsche Privatrecht kennt ganz unterschiedliche Register, von denen der Rechts- und Geschäftsverkehr profitiert. Die Register nehmen hierbei typischerweise die Rolle eines Vermittlers ein: Sie schaffen in differenzierter Weise neben der eben beschriebenen Transparenz einen Ausgleich zwischen dem vermögensrechtlichen Bestands- und dem für den Handel notwendigen Verkehrsschutz. Wie dieser Ausgleich im Einzelnen ausgestaltet ist, soll im Folgenden für das Grundbuch (sub II.) und anschließend für das Handelsregister (sub III.) vorgeführt werden.

II. Das Grundbuch

Das sicherlich bekannteste Register des bürgerlichen Rechts ist das Grundbuch.[3] In diesem werden, jeweils bezogen auf den einzelnen Vermögensgegenstand,[4] das Grundstück, die Eigentums- und sonstigen Rechte registriert und mit Beschränkungen öffentlich gemacht.

Das Grundbuch dient im Bereich der unbeweglichen Sachen als *Publizitätsmittel* und damit einem wesentlichen Grundsatz des (Immobiliar-)Sachenrechts: Dem Offenkundigkeitsprinzip. Hierbei lassen sich drei wesent-

---

3 Das Grundbuch wird vom BGB selbst nicht ausgestaltet oder definiert, sondern schlicht vorausgesetzt (vgl. bspw. § 873 Abs. 1 BGB). Eine gesetzliche Bestimmung und nähere Ausgestaltung erfährt es in der GBO: Als Grundbuch im Sinne des BGB sind die einzelnen, grundstücksspezifischen Grundbuchblätter zu verstehen (§ 3 Abs. 1 GBO).

4 Die Registrierung erfolgt insbesondere nicht hinsichtlich der einzelnen Rechtsinhaber (Real- statt Personalfolium); vgl. hierzu BGH FGPrax 2013, 54, 55, insbes. Rz. 12.

liche Funktionen unterscheiden – die Übertragungs-, die Vermutungs- und die Verkehrsschutzfunktion.[5]

1. Die Funktionen des Grundbuchs im Überblick

Die Notwendigkeit von Publizitätsakten, also der Verlautbarung von (dinglichen) Rechten und Rechtsänderungen, hängt unmittelbar mit der absoluten Wirkung dieser Rechte zusammen.[6] Durch das Grundbuch werden zwar auch Informationen öffentlich zugänglich gemacht, das Register ist aber nicht bloße Äußerlichkeit, vielmehr gehört die Eintragung auch zum Verfügungstatbestand.[7]

a) Die Übertragungsfunktion des Grundbuchs

Neben dem Kernelement rechtsgeschäftlicher Verfügungen, der Einigung zwischen den Beteiligten, setzen dingliche Rechtsgeschäfte grundsätzlich ein *tatsächliches Element* in Form eines Publizitätsakts voraus.[8] Die rechtsgeschäftliche Übertragung, Belastung etc. von Rechten an Immobilien bedarf zwingend der Eintragung im Grundbuch (s. insbes. § 873 Abs. 1 BGB).[9] Das Grundbuch beschränkt sich damit nicht auf die rein deklaratorische Wiedergabe bestehender Rechtsverhältnisse, sondern stellt selbst ein Element der materiellen Rechtslage und -gestaltung dar.

b) Die Vermutungsfunktion des Grundbuchs

Weil die rechtsgeschäftliche Änderung der Rechtslage und ihre Erfassung im Grundbuch wie gesehen in unmittelbarem Zusammenhang stehen und auch weil die staatliche Registerführung und das Verfahren die Richtigkeit

---

5 Mit dieser Aufteilung *Baur/Stürner*, Sachenrecht, 18. Aufl., § 4 Rn. 9 ff.; *Wagemann*, Funktion und Bedeutung von Grundstückregistern, 2002, S. 9 ff.

6 Vgl. hierzu *Westermann/Gursky/Eickmann*, Sachenrecht, 8. Aufl., § 67 Rn. 1.

7 Ebd.

8 S. hierzu *Baur/Stürner*, Sachenrecht, 18. Aufl., § 4 Rn. 10 f. Mit Hinweis auf den Unterschied zwischen (nicht öffentlichem) Eintragungsakt und (publik gemachtem) Grundbuchinhalt spricht sich *Wieling* gegen den Zusammenhang von Übertragung- und Publizitätsfunktion aus (*Wieling*, AcP 209 (2009), 577).

9 Zu Ausnahmen von diesem grds. Erfordernis vgl. MüKo-BGB/*Kohler*, § 873 Rn. 94.

des Grundbuchs garantieren,[10] kann grundsätzlich vermutet werden, dass der formelle Registerinhalt mit der materiellen Rechtslage übereinstimmt.[11] Diese Rechtszustandsvermutung nimmt das Gesetz in § 891 BGB auf und erleichtert so dem im Grundbuch Eingetragenen den Nachweis seiner Rechte (Abs. 1); auch negativ wird das Nichtbestehen solcher Rechte vermutet, die im Grundbuch gelöscht wurden (Abs. 2).[12] Dem Registerinhalt wird auf diese Weise allerdings nicht zur unbedingten Gültigkeit verholfen; die Vermutung bleibt widerlegbar (s. auch § 292 S. 1 ZPO).

Auch wenn formelle und materielle Rechtslage in aller Regel übereinstimmen,[13] kann es zur Unrichtigkeit des Grundbuchs kommen – nicht zuletzt bei und wegen eines *gesetzlichen* Rechtsübergangs.

c) Die Vertrauensschutzfunktion des Grundbuchs

Mit der damit angesprochenen möglichen Divergenz zwischen materieller Rechts- und formeller Grundbuchlage rückt die hier zentrale Thematik des Verkehrsschutzes durch Register in den Fokus. Gerade weil im Allgemeinen davon ausgegangen werden kann, dass das Grundbuch tatsächlich richtig und vollständig Aufschluss über die materielle Rechtslage gibt, wird diesem über §§ 892, 893 BGB öffentlicher Glaube verliehen.[14] Der Rechtsverkehr wird hier zulasten der wahren Rechtsinhaber im Vertrauen auf die Richtigkeit des Grundbuchs sehr weitgehend geschützt. Auch die Verfügung durch einen Nichtberechtigten ist wirksam, wenn und weil sich seine vermeintliche Berechtigung aus dem Grundbuch ergibt. Zugespitzt formuliert: „Der Rechtsschein ersetzt das Recht."[15]

2. Verkehrs- und Vertrauensschutz durch das Grundbuch im Detail

Mit der Anerkennung des gutgläubigen Rechtserwerbs vom Nichtberechtigten schränkt das Gesetz die „Stärke des Eigentums"[16] ein. Würde das

---

10 *Lieder*, AcP 210 (2010), 857, 870.

11 *Baur/Stürner*, Sachenrecht, 18. Aufl., § 10 Rn. 11 ff.

12 Staudinger/*Picker*, § 891 Rn. 43 ff.

13 *Wolff/Raiser*, Sachenrecht, 10. Bearb., § 44 S. 139 f.; *Lieder*, AcP 210 (2010), 857, 874; MüKo-BGB/*Kohler*, § 892 Rn. 2.

14 S. auch *Wolff/Raiser*, Sachenrecht, 10. Bearb., § 44 S. 139 f.

15 *Baur/Stürner*, Sachenrecht, 18. Aufl., § 23 Rn. 3 ff.

16 *Morell*, Die Ökonomik des Registers, in diesem Tagungsband.

deutsche Recht dem römischrechtlichen Ansatz folgen, nach dem niemand mehr Rechte übertragen kann als er selbst innehat,[17] so wäre jeder abgeleitete Rechtserwerb mit dem Risiko der Unwirksamkeit verbunden. Um in diesem Fall sicherzustellen, dass der Verfügende tatsächlich zur Verfügung berechtigt ist, müsste der andere Teil sowohl dessen (abgeleitete) Rechtsposition nachvollziehen können, als auch die aller Rechtsvorgänger. Schon hierfür ließe sich ein Register, das alle gegenstandsbezogenen Verfügungen auflistet und öffentlich macht, sinnvoll einsetzen.[18] Ein solches Register ermöglicht es dem anderen Teil, die Rechtsstellung des Vertragspartners zu verifizieren; das Risiko einer unwirksamen Verfügung würde auf den Fall der Unrichtigkeit des Registers begrenzt.

Die §§ 892, 893 BGB gewährleisten den Verkehrsschutz allerdings auf einer qualitativ ganz anderen Stufe: Der besonders starke Rechtsschein, der sich aus der Grundbucheintragung ergibt, rechtfertigt es, auch Verfügungen des (nur) Buchberechtigten als wirksam anzusehen. Damit wird der Konflikt zwischen Beharrungsinteresse des wahren Rechtsinhabers und Erwerbsinteresse des Geschäfts- und Rechtsverkehrs in vermittelnder Weise gelöst. Allein derjenige, der im Grundbuch (ohne Widerspruch)[19] als Berechtigter ausgewiesen ist, kann auch ohne materielle Berechtigung wirksam verfügen; ein Verlust der eigenen Rechte durch rechtsgeschäftliche Verfügungen anderer droht dem wahren Eigentümer nicht. Für den Erwerber folgt daraus, dass er (nur) darauf vertrauen darf, dass der Grundbuchberechtigte verfügungsberechtigt ist. Allein aus dessen Registrierung ergibt sich der Verkehrsschutz.

a) Gegenstand des öffentlichen Glaubens

Nach § 892 Abs. 1 S. 1 BGB gilt „der Inhalt des Grundbuchs" als richtig, sodass sich die Frage aufdrängt, wie weit der öffentliche Glaube des Grundbuchs inhaltlich reicht. Auch wenn die gesetzliche Formulierung sehr weit zu sein scheint und deshalb für eine umfassende Rechtsscheinwirkung für alle im Grundbuch verzeichneten Umstände sprechen könnte, ist der Anwendungsbereich der Norm deutlich enger. Überwunden wird allein die

---

17 Hierzu *Kaser*, Das römische Privatrecht, Band 1, 2. Aufl. 1971, 413.

18 Vgl. hierzu auch die Erwägungen in den Motiven zum BGB, Band 3, S. 208.

19 Auch durch die Möglichkeit des wahren Berechtigten, einen Widerspruch gegen die Richtigkeit des Grundbuchs zu veranlassen (§ 899 BGB), werden dessen Interessen geschützt; vgl. hierzu noch Kap. A. II. 2. d).

„Unrichtigkeit“ des Grundbuchs im Rechtssinne;[20] der gute Glaube bezieht sich damit sowohl (positiv) auf das Bestehen aller eingetragenen dinglichen Rechte als auch (negativ) auf das Nichtbestehen aller eintragungsfähigen, aber nicht eingetragenen bzw. gelöschten Rechtstatsachen.[21]

Keinen Vertrauensschutz bietet das Recht hingegen bzgl. rein tatsächlicher oder persönlicher Verhältnisse, selbst wenn diese offiziell registriert und im Grundbuch publik gemacht wurden. Gibt das Grundbuch (ggf. zusammen mit dem Kataster)[22] bspw. Aufschluss über Lage, Wirtschaftsart oder Größe des Grundstücks, so wird der Verkehr im Vertrauen hierauf nicht geschützt.[23] Und auch die Bezeichnung eines Vereins im Grundbuch als „rechtsfähig“ begründet keinen entsprechenden Rechtsscheintatbestand.[24]

b) Öffentlichkeit des Grundbuchs

Der dargestellte materiell-rechtlich wirkende Schutz des Grundbuchs wird ermöglicht und komplettiert durch die formelle Publizität des Registers; die Möglichkeit und das Recht zur Einsichtnahme in das Grundbuch schaffen den Schutz des öffentlichen Glaubens.[25] Der wohl bestmögliche Einklang zwischen Rechtssicherheit/Bestandsinteresse und Verkehrsschutz/Erwerbsinteresse ließe sich wohl mit einer möglichst umfassenden Transparenz der Rechtslage durch die völlig freie Zugänglichkeit des gesamten Registerinhalts herstellen. Da allerdings auch die berechtigten Interessen der Eingetragenen, insbesondere deren Grundrecht auf informationelle Selbstbestimmung, geschützt werden müssen,[26] schafft das Gesetz nur eine beschränkte Öffentlichkeit. Gem. § 12 Abs. 1 S. 1 GBO wird die Einsichtnahme nur gewährt, wenn ein „berechtigtes Interesse“ besteht, wo-

---

20 *Lutter*, AcP 164 (1964), 122, 137 f.; *Baur/Stürner*, Sachenrecht, 18. Aufl., § 23 Rn. 6.

21 Eintragungsfähig sind neben dinglichen Rechten insbesondere bestimmte Einreden (§§ 1138, 1157 S. 2 BGB) sowie die relative Verfügungsbeschränkung i.S.d. § 892 Abs. 1 S. 2. S. hierzu auch *Baur/Stürner*, Sachenrecht, 18. Aufl., § 23 Rn. 6 ff.; *Wagemann*, Funktion und Bedeutung von Grundstücksregistern, 2002, S. 11 f.

22 Vgl. zu diesem weit weniger verkehrsschützenden Register *Bohnert*, JZ 2011, 775.

23 Der *Grenzverlauf* bestimmt hingegen den Vermögensgegenstand selbst und ist deshalb Rechtsbehauptung, vgl. hierzu und allgemein zum Umfang des Gutglaubensschutzes *Westermann/Gursky/Eickmann*, Sachenrecht, 8. Aufl., § 83 Rn. 3.

24 *Baur/Stürner*, Sachenrecht, 18. Aufl., § 23 Rn. 11; Staudinger/*Picker*, § 892 Rn. 67.

25 *Böhringer*, Rpfleger 1987, 181.

26 BVerfG NJW 2001, 503, 505; *Wagemann*, Funktion und Bedeutung von Grundstückregistern, 2002, S. 8; *Böhringer*, Rpfleger 1987, 181.

bei nicht jedes beliebige Interesse ausreichen kann. Um dem Publizitätsgrundsatz aber zur effektiven Wirkung zu verhelfen, bedarf es gleichwohl „lediglich“ sachlicher Gründe, die die „Verfolgung unbefugter Zwecke oder bloßer Neugier ausgeschlossen erscheinen lassen.“[27] Dieses Interesse muss nicht in direktem Zusammenhang mit einer etwaigen Verfügung stehen, sodass auch der Gutglaubensschutz nicht berührt sein muss. So schützt die Publizität des Grundstücksregisters nicht nur die zuvor dargestellten zivilrechtlichen Belange, sondern auch völlig andere Interessen – bspw. das Informationsinteresse der Presse.[28]

c) *Abstrakter Vertrauensschutz*

Einsichtnahme und Verkehrsschutz hängen jedoch im konkreten Fall nicht zwingend unmittelbar zusammen: Der *objektive* Rechtsschein des Grundbuchs führt auch dann zum gutgläubigen Erwerb vom Unberechtigten, wenn der Erwerber überhaupt keine Einsicht in das Register genommen hat. Das Recht schützt also nicht (nur) das konkrete Vertrauen desjenigen, der die Buchberechtigung seines Vertragspartners wahrgenommen und sich hierauf verlassen hat, sondern allgemein den abstrakten, den „öffentlichen“ Glauben an die Richtigkeit des Grundbuchs.[29]

Dies wird deutlich an der Tatsache, dass der gute Glaube des Erwerbers in § 892 BGB nicht zur positiven Voraussetzung für den (gleichwohl sog.) „gutgläubigen Erwerb“[30] gemacht wird; vielmehr schließt umgekehrt die im Einzelfall nachzuweisende Unredlichkeit den Erwerb aus.[31]

---

27 OLG Düsseldorf, FGPrax 2019, 248, 249; m.w.N. auch OLG München, FGPrax 2019, 115 f.

28 Die Öffentlichkeit des Registers erlangte insbesondere durch die (erfolgreiche) Klage des *Spiegels* gegen den ehemaligen Bundespräsidenten bundesweite Aufmerksamkeit (s. BGH NJW-RR 2011, 1651). Grundlegend zum Einsichtnahmerecht der Presse BVerfG NJW 2001, 503; s. auch BeckOK-GBO/*Wilsch*, § 12 Rn. 73; *ders.*, NZM 2017, 244.

29 BGH NJW 1980, 2413, 2414; Staudinger/*Picker*, § 892 Rn. 184; *Lutter*, AcP 164 (1964), 122, 166 ff.; *Lieder*, AcP 210 (2010), 857, 873 f.; MüKo-BGB/*Kohler*, § 892 Rn. 12, 45.

30 Zum insofern misslichen Gleichlauf mit der Terminologie des § 932 Abs. 2 BGB vgl. *Wolff/Raiser*, Sachenrecht, 10. Bearb., § 45 S. 145 Fn. 22.

31 Staudinger/*Picker*, § 892 Rn. 184.

d) Ausschluss des Vertrauensschutzes

Um auch die Bestandsschutzinteressen der wahren Rechtsinhaber und damit den Wert des Immobiliarvermögens abzusichern, ist die vertrauensschützende Wirkung des Grundbuchs zu begrenzen: Der Verkehrsschutz verdient ersichtlich dann keinen Vorrang vor dem Interesse des wahren Rechtsinhabers, wenn der Erwerber nicht redlich ist. Wegen des besonders starken Rechtsscheins des Grundbuchs ergibt sich die Unredlichkeit, anders als beim Recht der beweglichen Sachen, allein aus der *positiven Kenntnis* der wahren Rechtslage (§ 892 Abs. 1 S. 1 a.E. BGB). Das Vertrauen in die Richtigkeit dieses speziellen Registers wird also erst dann zerstört, wenn der Erwerber nachgewiesenermaßen weiß, dass der Verfügende nur buch-, materiellrechtlich aber unberechtigt ist.[32]

Diese Ausgangslage – ein Verkehrsschutz, der allein durch positive Kenntnis begrenzt wird – würde dem Bestandsinteresse des Berechtigten nicht gerecht, wenn diesem nicht ein Weg offen stünde, aktiv gegen die Gefahr des drohenden Rechtsverlusts vorzugehen. Eine endgültige Zerstörung des (falschen) Rechtsscheins lässt sich über die Berichtigung des Grundbuchs, die der wahre Rechtsinhaber über § 894 BGB durchsetzen kann, erreichen. Gerade wegen der erheblichen Gefahr des unfreiwilligen Rechtsverlusts besteht für diesen der starke Anreiz, für eine Berichtigung des Grundbuchs zu sorgen und auf diese Weise wiederum die Richtigkeitsgewähr des Registers und somit die Stärke des Rechtsscheins sicherzustellen.[33]

Der Grundbuchberichtigungsanspruch des Rechtsinhabers lässt sich auch kurzfristig absichern. Bevor das regelmäßig langwierige Verfahren zur Korrektur des Grundbuchs abgeschlossen und der falsche Rechtsschein so endgültig zerstört ist,[34] kann das Register mit einem vorläufigen Eintrag gem. § 899 BGB versehen werden, „der gegen die Richtigkeit des Grundbuchinhaltes ‚protestiert' und damit gleichzeitig den öffentlichen Glauben des Grundbuchs suspendiert."[35] Der wahre Eigentümer kann diesen „Widerspruch" insbesondere im einstweiligen Rechtsschutz erwirken, indem er seinen Berichtigungsanspruch (lediglich) glaubhaft macht (Abs. 2).[36]

---

32 Vgl. hierzu *Westermann/Gursky/Eickmann*, Sachenrecht, 8. Aufl., § 83 Rn. 1, 18 ff.; *Lutter*, AcP 164 (1964), 122, 163 ff.

33 *Westermann/Gursky/Eickmann*, Sachenrecht, 8. Aufl., § 67 Rn. 1.

34 *Wolff/Raiser*, Sachenrecht, 10. Bearb., § 47; *Wagemann*, Funktion und Bedeutung von Grundstücksregistern, 2002, S. 15 f.

35 Staudinger/*Picker*, § 899 Rn. 1.

36 *Baur/Stürner*, Sachenrecht, 18. Aufl. 2009, § 18 Rn. 11, 15.

Auf diese Weise tritt zwar keine Grundbuchsperre ein – der Buchberechtigte kann weiterhin wirksam verfügen –, ein gutgläubiger Erwerb wird aber unabhängig von der Kenntnis des Erwerbers gem. § 892 Abs. 1 S. 1 BGB ausgeschlossen.[37] Mit der Eintragung des Widerspruchs wird der öffentliche Glaube des Grundbuchs zerstört, für eine verkehrsschützende Wirkung zulasten des wahren Rechtsinhabers fehlt es an einer Rechtfertigung.

III. Das Handelsregister

Auch das Handelsregister ist Publizitätsinstrument; es verzeichnet und gibt öffentlich Auskunft über bestimmte Rechtstatsachen, die von besonderer Bedeutung für kaufmännische Unternehmen sind.[38] Der deutlichste Unterschied zum Grundbuch besteht im Gegenstand und Inhalt des Registers: Während die Grundbucheintragung ein notwendiges Element der Verfügung ist und sich die Bedeutung auf den vergleichsweise engen Bereich immobiliarsachenrechtlicher Vermögenszuweisung beschränkt, ist das Handelsregister inhaltlich deutlich breiter; es gibt Auskunft über eine Vielzahl ganz unterschiedlicher unternehmensbezogener Tatsachen und Verhältnisse.[39]

1. Die Funktion des Handelsregisters im Überblick

Die wesentliche Aufgabe des Handelsregisters liegt in der Schaffung von Transparenz und Publizität.[40] Über das Register soll sich die Öffentlichkeit, bspw. also gegenwärtige oder künftige Gläubiger, Arbeitnehmer, aktuelle oder potenzielle Gesellschafter etc., über die Rechtsverhältnisse von

---

37 Vgl. hierzu *Wolff/Raiser*, Sachenrecht, 10. Bearb., § 47; *Baur/Stürner*, Sachenrecht, 18. Aufl. 2009, § 18 Rn. 11, 21 ff.

38 Zur Funktion des Registers *K. Schmidt*, Handelsrecht, 6. Aufl. 2014, § 13 Rn. 1 ff.; *Canaris*, Handelsrecht, 24. Aufl. 2006, § 4 Rn. 1 ff.; Staub-HGB/*Koch*, § 8 Rn. 1 ff.

39 Gegen eine zu starke Betonung der Gegensätzlichkeiten zwischen Grundstücks- und Handelsregister spricht sich *K. Schmidt* aus: Aus dem dargelegten „unleugbaren praktischen Unterschied sollte […] kein zu krasser Gegensatz gemacht werden.“ (*K. Schmidt*, Handelsrecht, 6. Aufl. 2014, § 13 Rn. 2).

40 Diese allgemeine und traditionell bestehende Funktion wird durch die Richtlinie 2009/101/EG für den Umgang mit der AG, der KGaA und der GmbH europarechtlich vorgegeben.

Kaufleuten und Handelsgesellschaften unterrichten können.[41] Ausdrücklich erklärt § 9 Abs. 1 S. 1 HGB, dass jedem die Einsichtnahme in das Handelsregister zu Informationszwecken gestattet ist. Es bedarf also keines besonderen, wie auch immer gearteten Interesses, um die Registerinformationen abzurufen.[42]

Neben diese Möglichkeit, Zugang zum Registerinhalt zu erlangen, tritt über § 10 HGB die „aktive" Verlautbarung von Registerveränderungen durch die registerführenden Gerichte. Schon ohne den Blick in das Handelsregister besteht wegen dieser Bekanntmachung – zumindest in der Theorie – die Möglichkeit, sich über dessen Inhalt umfassend zu informieren.[43] Auch für die Frage des Vertrauensschutzes, hierzu sogleich, bietet die Bekanntmachung neben der Registereintragung einen zweiten Anknüpfungspunkt.

a) *Die Richtigkeitsgewähr des Handelsregisters*

Ähnlich wie das Grundbuch soll und muss auch das Handelsregister die Richtigkeit der Eintragungen gewährleisten; es hat die wichtigsten Informationen zu zentralen Unternehmensdaten für den Rechtsverkehr zuverlässig, vollständig und lückenlos zu beurkunden.[44]

Die Richtigkeit wird z.T. bereits durch die Tatsache sichergestellt, dass einige Rechtsänderungen erst mit der (insofern konstitutiven)[45] Eintragung wirksam werden. So wird bspw. der sog. „Kannkaufmann" erst durch seine Eintragung rechtlich zum Kaufmann (§§ 2, 3 Abs. 2 HGB); die AG und die GmbH entstehen „als solche" (aus der Vorgesellschaft) mit ihrer Eintragung (§ 41 Abs. 1 S. 1 AktG; § 11 Abs. 1 GmbHG).[46]

Derartige rechtsändernde Eintragungen stellen allerdings nicht den Regelfall dar; häufig soll das Handelsregister wirksam abgeschlossene Vorgän-

---

41 So BGHZ 105, 324, 344 = NJW 1989, 295, 299; BGH NJW-RR 2012, 730, 731 Rn. 16.

42 Lediglich der Vorwurf der Missbräuchlichkeit begrenzt das Einsichtnahmerecht, so explizit die Gesetzesbegründung, s. BT-Drs. 14/6855, S. 17; vgl. auch Baumbach/Hopt-HGB/*Hopt*, § 9 Rn. 3; Staub-HGB/*Koch*, § 9 Rn. 19.

43 *Canaris*, Handelsrecht, 24. Aufl. 2006, § 4 Rn. 3, der darauf hinweist, die praktische Bedeutung dieses Umstandes nicht zu überschätzen.

44 BGH NJW 2015, 2116, 2117 Rz. 18; hierzu auch MüKo-HGB/*Krafka*, § 8 Rn. 3a.

45 Vgl. *K. Schmidt*, ZHR 163 (1999), 87; *ders.*, Handelsrecht, 6. Aufl. 2014, § 13 Rn. 13 ff.

46 Baumbach/Hopt-HGB/*Hopt*, § 8 Rn. 11.

ge lediglich wiedergeben und beurkunden.[47] Um für diese Fälle sicherzustellen, dass alle wichtigen Vorgänge auch formell im Register nachvollzogen werden, ordnen eine Reihe von Normen die Pflicht zur Anmeldung von (insofern deklaratorischen) Eintragungen an. So ist bspw. derjenige, der ein Handelsgewerbe betreibt, *ipso iure* Kaufmann (§ 1 HGB) und als solcher zur Anmeldung der Registereintragung gem. § 29 HGB verpflichtet. Die Erfüllung dieses Registerzwangs wird durch das Registergericht sichergestellt, das den Anmeldepflichtigen durch Festsetzung von Zwangsgeld zur Anmeldung anhalten kann.[48]

Schließlich wird die Richtigkeit des Handelsregisters auch durch Prüfung seitens der Registergerichte befördert. Das Register bestätigt nicht einfach, dass der Anmeldende eine bestimmte Erklärung abgegeben hat, sondern gibt die entsprechende Rechtstatsache selbst wieder.[49] Aus diesem Grund muss das Registergericht nicht nur die formellen Voraussetzungen von Anmeldung und Eintragung prüfen, sondern grundsätzlich auch deren materielle Richtigkeit.[50]

b) Die Vermutungsfunktion des Handelsregisters

Trotz der dargestellten Richtigkeitsgewähr kommt dem Handelsregister nicht die gleiche Vermutungswirkung zu wie dem Grundbuch. Die inhaltliche Richtigkeit der eingetragenen Tatsachen wird insbesondere im Prozess nicht nach § 292 ZPO vermutet. Denn da das Handelsrecht keine dem § 891 BGB entsprechende Vorschrift kennt, kann dem Handelsregister – anders als dem Grundbuch – keine die Beweislast umkehrende Vermutung entnommen werden.[51] Das Register bietet gleichwohl ein starkes Beweismittel; es begründet nach herrschender Sichtweise sogar die tatsächliche Vermutung der Richtigkeit in Form eines Anscheinsbeweises.[52]

---

47 Ebd.

48 § 14 HGB, §§ 388 FamFG ff. Zu diesem Verfahren *K. Schmidt*, Handelsrecht, 6. Aufl. 2014, § 13 Rn. 27; MüKo-HGB/*Krafka*, § 14 Rn. 9 ff.

49 Staub-HGB/*Koch*, § 15 Rn. 81; *Canaris*, Handelsrecht, 24. Aufl. 2006, § 4 Rn. 21.

50 Ebd.; eingehend hierzu Oetker-HGB/*Preuß*, § 8 Rn. 83 ff.

51 *Koch/Rudzio*, ZZP 122 (2009), 37, 45 ff.; *Canaris*, Handelsrecht, 24. Aufl. 2006, § 4 Rn. 14; m.w.N. Oetker-HGB/*Preuß*, § 8 Rn. 57.

52 *Canaris*, Handelsrecht, 24. Aufl. 2006, § 4 Rn. 14; *Koch/Rudzio*, ZZP 122 (2009), 37, 46 f.; *Oetker*, Handelsrecht, 8. Aufl. 2019, § 3 Rn. 27; kritisch hierzu *K. Schmidt*, Handelsrecht, 6. Aufl. 2014, § 13 Rn. 24 Fn. 42.

c) *Die Vertrauensschutzfunktion des Handelsregisters*

Ausgehend von der grundsätzlichen Zuverlässigkeit und Vollständigkeit des Handelsregisters schützt das Recht das Vertrauen des Rechtsverkehrs in die Eintragung bzw. die Bekanntmachung bestimmter Tatsachen.[53] Das Handelsregister nimmt über § 15 HGB „für sich in Anspruch, den darin enthaltenen Eintragungen eine solche Bedeutung und Gewähr beizumessen, dass in gewissem Umfang materiell-rechtliche Wirkungen an das darin gesetzte Vertrauen anknüpfen“[54]. Vertrauensschützend wirken allerdings nur § 15 Abs. 1 und 3 HGB, aus denen sich sowohl die negative (Abs. 1) als auch die positive (Abs. 3) Publizitätswirkung ergibt.[55] § 15 Abs. 2 S. 1 HGB ist zwar kein Rechtsscheintatbestand, steht jedoch gleichwohl im Zusammenhang mit Vertrauensschutz: Hiernach zerstört die Eintragung und Bekanntmachung ein etwaiges Vertrauen auf abweichende Umstände und Tatsachen.

2. *Verkehrs- und Vertrauensschutz durch das Handelsregister im Detail*

Die Registereintragung und die Bekanntmachung schaffen über § 15 Abs. 1, 3 HGB wie bereits angesprochen Verkehrs- durch Vertrauensschutz. Diese Wirkungsweise bedarf näherer Erläuterung, ist aber nicht der einzige verkehrsschützende Faktor des Handelsregisters. Ganz unabhängig von Rechtsschein- und Vertrauensschutzgesichtspunkten verwirklicht das Handelsregister bereits durch seine Öffentlichkeit den Schutz des Rechts- und Geschäftsverkehrs: Grundsätzlich besteht für jedermann die Möglichkeit, sich über die zentralen Rechtsverhältnisse von Kaufleuten zuverlässig zu informieren und so auch Kenntnis bzgl. solcher Umstände zu erlangen, die für einen Außenstehenden sonst nur schwer erkennbar wären. Durch diese Transparenz dient das Register der Sicherheit und Leichtigkeit des Rechtsverkehrs.[56]

---

53 BGH NJW 2015, 2116, 2118 Rn. 18.

54 Ebd.

55 Zur ebenfalls vertrauensschützenden Funktion der Schonfrist des § 15 Abs. 2 S. 2 HGB s. noch Kap. III. 2. e).

56 BAG NZA 1992, 449, 451; vgl. auch *Lieder*, NZG 2020, 81, 86. Dass der Verkehrsschutz deutlich über den Vertrauensschutz hinausgeht betont insbesondere *K. Schmidt*, Handelsrecht, 6. Aufl. 2014, § 13 Rn. 1.

a) Ausschluss von Vertrauensschutz durch Registereintragung

Mit § 15 Abs. 2 S. 1 HGB ist die (reguläre) Situation angesprochen, in der die registrierte und bekanntgemachte Tatsache zutrifft, das Handelsregister also inhaltlich richtig ist. In diesem Fall ergibt sich aus Abs. 2 S. 1 i.d.R. eine Selbstverständlichkeit:[57] Eine wahre Tatsache kann einem Dritten entgegengehalten werden. Wichtig wird die Norm insbesondere dann, wenn dieser Dritte gutgläubig auf einen von der materiellen Rechtslage abweichenden Schein vertraut.[58] Diese Gutgläubigkeit ist grundsätzlich nicht geschützt, wenn die entsprechende Tatsache eingetragen und bekanntgemacht wurde.[59]

Das richtige Register zerstört also i.d.R. ein etwaiges gegenläufiges Vertrauen. Auch wenn durch Eintragung und Bekanntmachung nicht ausnahmslos jede Vertrauenshaftung ausgeschlossen wird,[60] setzt § 15 Abs. 2 S. 1 HGB einen wichtigen Anreiz, den Eintragungspflichten möglichst zügig und ausnahmslos nachzukommen. Mittelbar dient die Norm also (auch) der Sicherstellung der Registerrichtigkeit.

b) Vertrauensschutz durch negative Publizität

Nach § 15 Abs. 1 HGB kann eine im Register einzutragende Tatsache von demjenigen, der zur Anmeldung verpflichtet war, einem gutgläubigen Dritten nicht entgegengesetzt werden, solange diese Tatsache nicht eingetragen und bekanntgemacht ist. An dieser Stelle unterscheidet sich der Vertrauensschutz des Handelsregisters deutlich von dem des Grundbuchs. Dem Gutgläubigen gegenüber gilt nicht einfach der Registerinhalt als richtig; geschützt wird vielmehr das Vertrauen auf das Schweigen des Registers.[61] Der Eintragungspflichtige kann sich auf für ihn günstige Tatsachen

---

57 So *Canaris*, Handelsrecht, 24. Aufl. 2006, § 5 Rn. 34; *K. Schmidt*, Handelsrecht, 6. Aufl. 2014, § 14 Rn. 4; *Koch*, AcP 207 (2007), 768, 769.

58 So insbesondere bei Änderungen der bisherigen rechtsgeschäftlichen Situation, bspw. durch den Widerruf einer Prokura, s. *Canaris*, Handelsrecht, 24. Aufl. 2006, § 5 Rn. 35.

59 Hierbei gilt jedoch die Einschränkung der 14-Tages-Frist des § 15 Abs. 2 S. 2 HGB, vgl. hierzu Staub-HGB/*Koch*, § 15 Rn. 85 ff.

60 Vgl. BGHZ 62, 216, 223 = NJW 1974, 1191, 1192. Umfassend hierzu *Koch*, AcP 207 (2007), 768. Vgl. auch *K. Schmidt*, Handelsrecht, 6. Aufl. 2014, § 14 Rn. 6, 17; *Canaris*, Handelsrecht, 24. Aufl. 2006, § 5 Rn. 36 ff.

61 MüKo-HGB/*Krebs*, § 15 Rn. 6; *K. Schmidt*, Handelsrecht, 6. Aufl. 2014, § 14 Rn. 27, 19 ff.

erst berufen, wenn sie auch eingetragen und bekanntgemacht wurden. Auf Grundlage des § 15 Abs. 1 HGB darf der Rechtsverkehr also stets darauf vertrauen, dass eine Tatsache, die einzutragen wäre, aber nicht eingetragen wurde, tatsächlich nicht vorliegt.[62]

Der Gutgläubige wird nach der ganz herrschenden Sichtweise sehr weitgehend geschützt: Er hat die freie Wahl, ob er seine Ansprüche auf den wahren Sachverhalt stützt oder ob er sich auf den (negativen) Rechtsschein des Handelsregisters beruft.[63] Nach der insofern stark kritisierten Rechtsprechung und Teilen der Lehre muss sich der Dritte aber nicht in Gänze „für" oder „gegen" die Registerlage entscheiden; es gelte der Grundsatz der Meistbegünstigung, nach dem sich die Anspruchsbegründung auf die formelle, gleichzeitig aber auch auf die materielle Rechtslage stützen könne. Sogar hinsichtlich ein und derselben Tatsache könne sich der Dritte jederzeit sowohl auf die wirkliche Sachlage als auch auf den hiervon abweichenden Registerinhalt berufen (sog. „Rosinentheorie"[64]).[65]

Diese Sichtweise führt zu einem sehr weitgehenden Verkehrsschutz und setzt einen weiteren starken Anreiz, die Richtigkeit des Registers sicherzustellen.[66] Kritisch ließe sich insbesondere einwenden, dass es für eine so umfassende Begünstigung des Dritten keine Rechtfertigung gibt; es fehlt an einem Vertrauen, das zu schützen wäre.[67]

---

62 *Oetker*, Handelsrecht, 8. Aufl. 2019, § 3 Rn. 33.

63 Es geht hierbei um die „Wahl" der Rechtsfolge durch deren Geltendmachung, nicht um die Entscheidung zwischen wahrem und fiktivem Lebenssachverhalt, s. hierzu *K. Schmidt*, in FS Gernhuber (1993), 435, 449 ff.; *ders.*, Handelsrecht, 6. Aufl. 2014, § 14 Rn. 49 ff.; *Schilken*, AcP 187 (1987), 1, 8 ff.; anders bspw. MüKo-HGB/*Krebs*, § 15 Rn. 53.

64 Mit dieser Bezeichnung erstmals *John*, ZHR 140 (1976), 236, 254.

65 BGHZ 65, 309 = NJW 1976, 569; zustimmend MüKo-HGB/Krebs, § 15 Rn. 54; Baumbach/Hopt-HGB/*Hopt*, § 15 Rn. 6; *K. Schmidt*, Handelsrecht, 6. Aufl. 2014, § 14 Rn. 59 ff.

66 Mit dem Hinweis (auch) auf diesen Aspekt Oetker-HGB/*Preuß*, § 15.

67 Kritisch bspw. *John*, ZHR 140 (1976), 236; *Schilken*, AcP 187 (1987), 1, 8 ff.; *Reinicke*, JZ 1985, 272, 273 ff.; *von Olshausen*, AcP 189 (1989), 223, 240 ff.; *Canaris*, Handelsrecht, 24. Aufl. 2006, § 5 Rn. 26.

c) Vertrauensschutz durch positive Publizität

Über § 15 Abs. 3 HGB wird – auf europarechtlichen Vorgaben basierend[68] – das Vertrauen in die Richtigkeit handelsrechtlicher Bekanntmachungen geschützt. Rechtsscheinträger ist also nicht das (unrichtige) Handelsregister. Vielmehr ist Anknüpfungspunkt die öffentliche Bekanntmachung der Registereintragung (s. § 10 HGB), unabhängig davon, ob Eintragung und Bekanntmachung übereinstimmen oder nicht.[69] Wird eine eintragungspflichtige Tatsache falsch bekanntgemacht, so kann sich der gutgläubige Dritte gegenüber demjenigen, der die Eintragung beantragen musste, auf den Schein der Bekanntmachung berufen. Da aber in der Praxis – wenn überhaupt – sowohl das Register als auch die Bekanntmachung (übereinstimmend) falsch sind,[70] kann sich der Dritte zumindest faktisch (auch) auf das falsche Register berufen.

Eingeschränkt wird der Verkehrsschutz des § 15 Abs. 3 InsO nach herrschender Sichtweise durch das zusätzliche Kriterium der Zurechenbarkeit; hiernach gilt nicht das reine Rechtsschein-, sondern auch das Veranlassungsprinzip.[71] Der Gutgläubige ist nur dann zu schützen, wenn der Eintragungspflichtige die fehlerhafte Bekanntmachung (irgendwie) veranlasst hat.[72] Die Gegenansicht will den Rechtsverkehr, ausgehend von der (scheinbar)[73] klaren Vorstellung der Gesetzesbegründung deutlich weiter schützen: In Umsetzung europarechtlicher Vorgaben müsse der „gutgläubige Dritte im Vertrauen auf eine unrichtige Bekanntmachung unabhängig davon geschützt werden, ob die Unrichtigkeit von der Gesellschaft, in

---

68 Vgl. MüKo-HGB/*Krebs*, § 15 Rn. 80 f.; ausführlich zum Gemeinschaftsrecht des Handelsregisters *Schmidt-Kessel*, GPR 2006, 6.

69 Damit geht das deutsche Recht über die Vorgaben der europäischen Richtlinie hinaus; diese fordert den Schutz lediglich für den Fall, dass die Eintragung richtig und die Bekanntmachung falsch ist, vgl. hierzu Staub-HGB/*Koch*, § 15 Rn. 102 f.

70 Hierzu auch MüKo-HGB/*Krebs*, § 15 Rn. 82: „Die nur falsche Bekanntmachung ist aus der Gerichtspraxis nicht bekannt." Die hoch umstrittene Frage, wie mit einer solchen Divergenz (Register falsch, Bekanntmachung richtig) umzugehen wäre (s. hierzu m.w.N. MüKo-HGB/*Krebs*, § 15 Rn. 89), hat deshalb kaum praktische Relevanz.

71 *Canaris*, Handelsrecht, 24. Aufl. 2006, § 5 Rn. 51 f.; *ders.*, Die Vertrauenshaftung im deutschen Privatrecht (1971), 162 ff.

72 Ebd.; OLG Brandenburg, ZIP 2012, 2103; Baumbach/Hopt-HGB/*Hopt*, § 15 Rn. 19; *Schilken*, AcP 187 (1987), 1, 15 ff.; Oetker-HGB/*Preuß*, § 15 Rn. 61 ff.; Staub-HGB/*Koch*, § 15 Rn. 108 ff.

73 Warum die Gesetzesmaterialien (wie auch der Wortlaut) ein ambivalentes Bild zeichnen, erläutert Staub-HGB/*Koch*, § 15 Rn. 107.

deren Angelegenheiten die Tatsache einzutragen war, veranlasst worden ist und ob sie die Berichtigung schuldhaft unterlassen hat."[74]

d) *Abstrakter Vertrauensschutz*

Während das Grundbuch nach praktisch unumstrittener Ansicht allgemein den öffentlichen Glauben schützt, also einen abstrakten Vertrauensschutz bietet, ist dies für die Tatbestände der § 15 Abs. 1 und 3 HGB umstritten. Zum Teil wird vertreten, dass diese Normen nur *konkretes* Vertrauen schützen. Notwendig sei also, dass der Dritte Kenntnis von dem Vertrauenstatbestand hatte und auf dieser Grundlage gehandelt hat.[75]

Nach der ganz herrschenden Gegenansicht gewährt § 15 HGB allerdings unabhängig davon Schutz, ob derjenige, der sich auf das Handelsregister beruft, dieses tatsächlich eingesehen hat. Das Gesetz lasse bereits die allgemeine Möglichkeit, sich anhand des Registers zu informieren, als Grundlage für den Vertrauensschutz ausreichen.[76] Nicht nur der deutsche, sondern auch der europäische Gesetzgeber habe sich für einen solchen abstrakten Vertrauensschutz ausgesprochen, sodass eine gegensätzliche Auslegung unzulässig und zudem europarechtswidrig sei.[77]

e) *Ausschluss des Vertrauensschutzes*

Wegen des besonders starken Rechtsscheins, der vom (verlautbarten) Handelsregister ausgeht, endet der Vertrauensschutz der § 15 Abs. 1 und 3 HGB erst dann, wenn der Dritte positive Kenntnis von der wahren Rechtslage hat. Wie beim Vertrauen auf das Grundbuch wird auch hier selbst derjenige Dritte, der die wahre Rechtslage grob fahrlässig verkennt, als gut-

74 S. BT-Drs. 5/3862, 10. Kritisch gegenüber der herrschenden Sicht bspw. *K. Schmidt*, Handelsrecht, 6. Aufl. 2014, § 14 Rn. 89 ff.; MüKo-BGB/*Krebs*, § 15 Rn. 85; BeckOK-HGB/*Müther*, § 15 Rn. 38.

75 *Canaris*, Handelsrecht, 24. Aufl. 2006, § 5 Rn. 16 ff.

76 BGHZ 65, 309, 311 = NJW 1976, 569; BGH NJW-RR 2004, 120; *Schilken*, AcP 187 (1987), 1, 4 ff.; *Reinicke*, JZ 1985, 272, 276; *K. Schmidt*, Handelsrecht, 6. Aufl. 2014, § 14 Rn. 36; MüKo-BGB/*Krebs*, § 15 Rn. 10 ff.

77 Umfassend hierzu MüKo-BGB/*Krebs*, § 15 Rn. 11 f.

gläubig geschützt.[78] Sein Gegner kann diesen Schutz nur dann zerstören, wenn es ihm gelingt, eine etwaige positive Kenntnis nachzuweisen.

Um diese Wirkung zumindest im Vorfeld zu verhindern, bleibt dem Eintragungspflichtigen neben der Möglichkeit, Geschäftspartner etc. umfangreich von der wahren Rechtslage zu unterrichten, nur der Weg zum Registergericht: Allein durch die umgehende Herstellung der Richtigkeit des Registers, kann er den für ihn negativen Rechtsschein beenden.[79]

Die zutreffende Registereintragung schließt das Vertrauen des Dritten zwar grundsätzlich (s. Abs. 2 S. 1),[80] aber nicht ausnahmslos aus: Nach § 15 Abs. 2 S. 2 HGB kann sich der Dritte innerhalb einer „Schonfrist“ von fünfzehn Tagen nach Bekanntmachung der Registeränderung auf die ehemalige (falsche) Registerlage berufen. In diesem Fall wird der Vertrauensschutz jedoch nicht nur durch Kenntnis, sondern bereits durch (leichte) Fahrlässigkeit zerstört.[81] Nur wer nachweist, dass er die neue, richtige Registereintragung weder kannte noch kennen musste, kann sich auf den vormaligen Rechtsschein berufen.[82]

IV. Zusammenfassung und Ausblick

Die „typischen“ zivilrechtlichen Register, beispielhaft das Grundbuch und das Handelsregister, schützen den Rechts- und Wirtschaftsverkehr im Kern in einer doppelten Weise: Primär bieten sie die Möglichkeit, sich aus einer Quelle, deren Richtigkeit auf verschiedene Weise abgesichert und damit außerordentlich wahrscheinlich ist, über die Rechtslage zu informieren. Wer wissen will bzw. wissen muss, welcher Person bestimmte dingliche Rechte zugeordnet sind, kann hierüber im Grundbuch, im Schiffsregister oder im Register für Pfandrechte an Luftfahrzeugen Auskunft erlangen. Über das Bestehen und die rechtliche Zuordnung von Immaterialgüterrechten informieren bspw. das Patent-, das Gebrauchsmuster-, das Marken-

---

78 Damit ergibt sich ein Gleichlauf mit den übrigen Tatbeständen des Registerschutzes, s. *Canaris*, Handelsrecht, 24. Aufl. 2006, § 5 Rn. 13.

79 In diesem starken Anreiz zur Registerkorrektur sieht *Schmidt* eine „kluge List des Gesetzgebers“, s. *K. Schmidt*, Handelsrecht, 6. Aufl. 2014, § 14 Rn. 19.

80 Vgl. hierzu auch Kap. A. III. 2. a).

81 BGH NJW 1972, 1418; Baumbach/Hopt-HGB/*Hopt*, § 15 Rn. 14; *Oetker*, Handelsrecht, 8. Aufl. 2019, § 3 Rn. 54.

82 Umstritten ist hierbei insbesondere, welche Informationslasten Nichtkaufleute/Verbraucher treffen, wann diese also von der Eintragung Kenntnis haben müssten, vgl. hierzu m.w.N. MüKo-BGB/*Krebs*, § 15 Rn. 72 f.

oder das Designregister. Über ganz unterschiedliche rechtliche Tatsachen und Verhältnisse geben, neben dem Handelsregister (und dessen Bekanntmachung), das Vereins-, das Partnerschafts- und das Genossenschaftsregister, bspw. aber auch das Güterrechtsregister Auskunft. All diese Register verwirklichen den Verkehrsschutz zunächst also durch die Bereitstellung von verlässlichen Informationen.

Neben diese Wirkweise tritt vielfach auch der Aspekt des Vertrauensschutzes: Um die Leichtigkeit und Sicherheit des Rechtsverkehrs effektiv herzustellen, wird gesetzlich angeordnet, dass auf die Angaben des Registers stets vertraut werden kann; dieses Vertrauen wird auch bzw. insbesondere für den Fall der Unrichtigkeit des Registers geschützt. Der öffentliche Glaube vieler Register gründet auf deren weitestgehender Richtigkeit: Dort, wo falsche Registereintragungen nur ausgesprochen selten vorkommen, kann das Gesetz den öffentlichen Glauben anordnen und so Verkehrs- durch Vertrauensschutz herstellen.[83] Über die Möglichkeit, die Registerlage (bestenfalls umgehend) der wahren Rechtslage anpassen zu lassen und so den falschen Rechtsschein zu zerstören, schafft das Register einen Ausgleich zwischen Rechtssicherheit bzw. Bestandsinteressen auf der einen und Verkehrsschutz bzw. Erwerbsinteressen auf der anderen Seite.

Man muss sich freilich darüber im Klaren sein, dass der so hergestellte Ausgleich nicht zum Nulltarif zu haben ist. Die (Transaktions-)Kosten, die die Einrichtung und Unterhaltung eines Registers verursacht, müssen immer in Beziehung gesetzt werden zu den Effizienzgewinnen, die durch die Einsparung von Nachforschungsaufwand einerseits und Rechtsverteidigungsaufwand andererseits erzielt werden. Das Grundbuch, das Schiffsregister und das Luftfahrzeugregister schaffen zu vergleichsweise hohen Kosten ein sehr hohes Maß an Rechtssicherheit und Verkehrsschutz. Bei anderen Vermögensgütern wäre ein solcher Aufwand wegen der typischerweise niedrigeren Werte und der höheren Umsatzgeschwindigkeit nicht zu rechtfertigen.[84]

Die genannten Register sind aber nur eine Möglichkeit, Transparenz herzustellen. Für andere Rechtsgüter, die typischerweise von niedrigerem Wert sind und häufiger umgesetzt werden als Grundstücke, empfehlen sich andere, sehr viel kostengünstigere Systeme. So bieten die in vielen anderen Rechtsordnungen eingeführten Register für Sicherungsrechte an

---

83 Dieser öffentliche Glaube findet sich sogar für Register, die nicht allgemein eingesehen werden können, so bspw. beim Bundesschuldbuch (§§ 7 Abs. 5, 8 Abs. 2 BSchuWG).

84 Diese Abwägung findet sich – bezogen auf die aufwändige Einführung und Pflege des Grundbuchs – auch in den Motiven zum BGB, Band 3, S. 20.

Forderungen und beweglichen Sachen, die dem zuerst in Art. 9 UCC entwickelten Konzept des „notice filing“[85] folgen, zwar nicht dieselbe Verlässlichkeit wie das Grundbuch,[86] dienen im Kern aber demselben Zweck, nämlich der Herstellung von Rechtssicherheit, allerdings zu deutlich geringeren Kosten.[87] Die Debatte um die Reform des Mobiliarsicherungsrechts soll in diesem Zusammenhang nicht noch einmal aufgerollt werden. Der Hinweis auf das „notice filing“ soll genügen, um zu verdeutlichen, dass beim Design eines Registers die Kosten nicht außer Acht gelassen werden dürfen und in Verhältnis zu setzen sind zum erzielbaren Nutzen. Wo hier das Optimum liegt, ist für verschiedene Rechtsgüter, aber auch vor dem Hintergrund sich verändernder technischer Möglichkeiten, Publizität herzustellen,[88] immer wieder neu zu prüfen.

---

85 Ausführlich hierzu *Brinkmann*, Kreditsicherheiten an beweglichen Sachen und Forderungen, 2009, S. 349 ff., insbes. 378 ff.; *Kieninger*, AcP 208 (208), 182 ff.

86 Vor allem aus diesem Grund lehnt *Heese* die Übernahme des notice filing ab (*Heese*, KTS 2010, 405 ff.).

87 Ausführlich hierzu *Brinkmann*, Kreditsicherheiten an beweglichen Sachen und Forderungen, 2009, S. 391 ff.

88 Vgl. bspw. zum möglichen Nutzen der Blockchain-Technologie für das Grundbuch (kritisch) *Wilsch*, DNotZ 2017, 761 und das Handelsregister (eher positiv) *Knaier/Wolff*, BB 2018, 2253. Vgl. hierzu auch *Sattler*, BB 2018, 2243, 2244 f.

Die Ökonomik des Registers[1]

Alexander Morell

Juristen diskutieren Register zumeist unter den Schlagworten der Priorität, des Verkehrsschutzes und der Publizität. Verkehrsschutz kontrastiert mit dem Schutz bestehender Rechte, der im Sachenrecht meist mit dem Schlagwort der Priorität bezeichnet wird. Priorität und Verkehrsschutz stehen in einem Spannungsverhältnis. Schützt man die bestehenden Rechte, weiß „der Verkehr" mitunter nicht, ob und was er erwirbt. Das erschwert Spezialisierung, die verlässlichen Austausch voraussetzt. Schützt man den Verkehr, laufen Rechtsinhaber Gefahr ihre Rechte zu verlieren. Das vereitelt Investition. Die Publizität, die ein Register vermittelt, kann diesen Zielkonflikt weitgehend auflösen, indem das Register etwaigen Rechten gegenüber Dritten nur soweit Wirksamkeit verleiht, wie sie eingetragen sind und dem Verkehr so bestehende Rechte verlässlich anzeigt. Dieser auch von Juristen erkannte Konflikt und seine Lösung durch Publizität lassen sich mit Hilfe ökonomischer Methoden im Hinblick auf die Gründe und die wirtschaftlichen Folgen genauer ausleuchten.

Ein (verbales) Modell

Beginnen wir mit einer möglichst präzisen Stilisierung des zentralen Problems, welches das Register lösen soll. Praktisch alle Verfügungen sind eingebettet in einen Kontext von sequentiellem Austausch: Der Veräußerer hat seinerseits das Gut vorher erworben, der verfügende Angestellte wurde zuvor zur Verfügung ermächtigt, dem Geschäftsleiter der Gesellschaft wird durch seine Bestellung und die Schaffung der Gesellschaft ermöglicht, über die Assets der Gesellschaft zu verfügen.[2] Wie die Beispiele schon erahnen lassen, ist diese sequentielle Struktur für Spezialisierung in einer arbeitsteiligen Gesellschaft essentiell.[3] Innerbetriebliche Spezialisierung setzt

---

1 Die hier berichteten ökonomischen Einsichten wurden im Wesentlichen von Benito Arruñada erarbeitet, vgl. dazu die Werke von ihm im Literaturverzeichnis.

2 Arruñada 2009, S. 9–12.

3 Arruñada 2009, S. 8.

die Möglichkeit voraus, Angestellte oder Geschäftsleiter für den Geschäftsherrn handeln zu lassen. Und Fungibilität von Gütern erleichtert Spezialisierung mit Hilfe des Marktmechanismus: Je leichter Güter handelbar sind, desto eher gewährleistet der Markt ihren Transfer an den jeweils produktivsten Nutzer.[4] Wie Spezialisierung am Markt Wert schafft, lässt sich an einem Zahlenbeispiel verdeutlichen. Soweit die Zahlungsbereitschaft eines Käufers die des Verkäufers übersteigt, schafft der Transfer des Guts an den Käufer einen Wert in Höhe der Differenz der beiden Zahlungsbereitschaften von Käufer und Verkäufer.[5] Wenn der Verkäufer ein Gut zu 4 € schätzt und der Käufer es derart schätzt, dass er bereit wäre, es für maximal 6 € zu erwerben, schafft der Transfer des Guts an den Käufer 2 € an Wert. Diesen Wert können Verkäufer und Käufer durch die Wahl des Kaufpreises untereinander aufteilen.[6] Meist wird der Käufer gerade deshalb bereit sein, mehr für das Gut zu zahlen als der Verkäufer, weil die höhere Spezialisierung es dem Käufer erlaubt, das Gut produktiver zu nutzen.

Besonders leicht wäre die Hebung von Spezialisierungsvorteilen, wenn man sich in Austauschverträgen über die Eigenschaften des Vertragspartners – etwa seine Solvenz – gar keine Gedanken machen müsste, wenn der Austausch also vollkommen unpersönlich möglich wäre.[7] Immer stellt sich in den Kontexten sequentieller Verfügungen aber die Frage, ob der Verfügende die von irgendwoher abgeleitete Verfügungsmacht überhaupt hat.[8]

Um über dieses Problem strukturiert und generalisierend nachdenken zu können, stellen wir uns die typische Dreiecksbeziehung vor. Es gebe einen „Berechtigten“, einen „Agenten“ und einen „Erwerber“.[9] Der Berechtigte sei an einem Gegenstand berechtigt und der Agent verfüge über den Gegenstand zugunsten des Erwerbers. Der Erwerber kann aber nicht genau erkennen, ob der Agent zur getätigten Verfügung ein vom Berechtigten abgeleitetes Recht hat. Das Modell erfasst nicht nur Verfügungen über Sachen. Es erfasst auch die (Mit-)Verpflichtung von Gesellschaftern

4 Arruñada 2012b, S. 9.

5 Dieser Begriff von Wohlfahrt und Wert beruht auf dem problematischen Begriff der Kaldor-Hicks-Effizienz. Zu seiner Konstruktion und seinen Problemen vergleiche Morell in Towfigh/Petersen.

6 Vgl. zur Wertschöpfung durch Austausch Morell 2017. Vgl. auch Miceli 2009, S. 163 mit dem Hinweis, dass die Handelbarkeit von Rechten erst zur Internalisierung von Externalitäten führt.

7 Arruñada 2012b, S. 2.

8 Arruñada 2009, S. 6.

9 Die folgende Stilisierung findet sich etwa in Arruñada 2009, S. 2.

oder die Abtretung von Forderungen – mithin alle sequentiellen Verfügungssituationen.

Kein Problem besteht, wenn der Agent vom Berechtigten tatsächlich eine Verfügungsbefugnis ableiten kann. Der Berechtigte könnte etwa eine Sache an den Agenten übereignet haben, so dass nun der Agent selbst allein berechtigt ist. Probleme treten dagegen auf, wenn der Agent zur vorgenommenen Verfügung nicht berechtigt war. Man denke an einen Agenten, der die Sache dem Erwerber zur Sicherheit übereignet, obwohl er sie schon zuvor an den Berechtigten zur Sicherheit übereignet hatte. Oder man denke an einen Geschäftsführer, der für eine nicht existierende Gesellschaft des Berechtigten handelt. Oder man denke an einen Agenten, der in Erfüllung eines Kaufvertrags eine Forderung abtritt, die ihm nicht zusteht.

Man kann die problematischen Fälle auf zweierlei Weise auflösen: Zugunsten der Priorität oder zugunsten des Verkehrs.[10] Die Lösung zugunsten der Priorität untergräbt die Verkehrsfähigkeit von Gütern und Sicherungsrechten. Und sie erschwert die Nutzbarkeit gesellschaftsrechtlicher Vehikel. Die Lösung zu Gunsten des Verkehrs schwächt die Rechte selbst, denn sie können dann leicht wegerworben werden.

Das Versprechen von Registern an die Rechtsordnung ist es, diese Wahl zwischen Pest (Lösung zugunsten der Priorität) und Cholera (Lösung zugunsten des Verkehrs) – Ökonomen würden sagen, diesen „Tradeoff“ – aufzulösen, indem Register zugleich Fungibilität und starke, verlässliche Rechte ermöglichen.

Probleme der Priorität

Doch betrachten wir zunächst, warum Fungibilität von Rechten und Gütern überhaupt ökonomisch von Bedeutung ist. Betont man die Stärke des Eigentums (Priorität) und belässt in den problematischen Fällen dem Berechtigten den Gegenstand, geht das, wie wir Juristen wissen, zu Lasten „des Verkehrs“. Aber warum ist das ein Problem? Es bedeutet, dass der Wert des Erwerbsvertrags für den Erwerber sinkt, weil er die Sache nicht sicher erwirbt. Er wird daher bereit sein, Suchkosten aufzuwenden, um herauszufinden, ob der Agent zur Verfügung wirklich berechtigt ist. Letztlich entfaltet sich so eine Dynamik, die lohnenden Austausch unterbindet.

10 Arruñada 2009, S. 2.

Im Folgenden stellen wir uns auf der Grundlage der oben beschriebenen Stilisierung eine Welt ohne Verkehrsschutz vor, die unabhängig von Publizität immer nach Priorität entscheidet, um zu zeigen, dass diese Welt nicht ideal funktioniert.[11]

Informationsasymmetrie

Wenn die Rechtsordnung in den Fällen, in denen dem Verfügenden die abgeleitete Rechtsmacht fehlt, das Recht immer dem Berechtigten zuweist, entsteht ein Problem der Informationsasymmetrie.[12] Entscheiden Gerichte derart nach Priorität, verweisen sie den Erwerber auf einen meist wenig werthaltigen Schadensersatzanspruch gegen den verfügenden Agenten. Ob ein solcher Anspruch werthaltig ist, müsste der Erwerber erst aufwändig herausfinden. Zur Vereinfachung nehmen wir im Folgenden an, der Anspruch sei bekanntermaßen wertlos. Diese Annahme könnte das Ergebnis ein wenig verschärften, dürfte es aber qualitativ nicht verändern, weil für die Information über die Werthaltigkeit des Anspruchs dasselbe gilt, wie das im Folgenden zur Wirksamkeit der Verfügung ausgeführte.

Der Agent leitet eine etwaige Verfügungsbefugnis in der Regel irgendwie vom Berechtigten ab. Sie geht auf ein Rechtsgeschäft zurück, an dem er und der Berechtigte beteiligt – oder eben nicht beteiligt – waren. Der Agent und der Berechtigte können daher wissen, ob der Agent zur Verfügung berechtigt ist. Der Erwerber kann dagegen nicht wissen, ob er mit dem Agenten oder dem Berechtigten interagiert. Und würde er erkennen, dass er nur mit dem Agenten interagiert, könnte er nicht erkennen, ob der Agent eine Berechtigung erworben hat. Ebenso wenig könnte er erkennen, ob der Agent eine einmal erworbene Berechtigung zwischenzeitlich nicht wieder verloren hat.[13] Kurz: Der Erwerber weiß nicht, ob der Agent wirksam verfügen kann. Im Falle beweglicher Sachen hilft hier die Indizwirkung des Besitzes.[14] Aber Gesellschaftsverträge, Ermächtigungen, Grunddienstbarkeiten und Sicherungsübereignungen vermitteln anerkannte aber – zumindest ohne rechtliche Intervention – unsichtbare Rechtsmacht.[15]

---

11 Angeblich entsprach dies dem römischen Recht, Arruñada 2012a, II.A.

12 Arruñada 2012b, S. 3–4, 2009, S. 2.

13 Arruñada 2009, S. 2.

14 Arruñada 2003, S. 406.

15 Arruñada 2003, S. 406.

Suchkosten

Nehmen wir an, der Erwerber könne prinzipiell herausfinden, ob die Verfügung des Agenten dem Erwerber den Gegenstand verschaffen wird. Wie reagiert der Erwerber auf seine Unsicherheit über die Berechtigung des Verfügenden? Der Käufer ist unsicher, ob der Verkäufer Eigentümer ist und ihm das Eigentum am Grundstück verschaffen kann. Also muss der Käufer in Erfahrung bringen, wie der Verkäufer an das Grundstück gelangt ist. Der Verkäufer ist eine Informationsquelle, aber vielleicht nicht die vertrauenswürdigste, will er doch einen hohen Preis für das Grundstück erzielen. Wenn man den vorherigen Eigentümer ausgemacht hat, wie kann man dann sicher sein, dass dieser rechtmäßiger Eigentümer war? Also beginnt die Suche von vorn, nun aber bezüglich eines Voreigentümers, dem das Grundstück vielleicht vor 80 Jahren gehörte. Das dürfte die Suche viel aufwendiger gestalten. Und so geht es fort.

Die Suche bewirkt eine Transaktionskostenerhöhung. Der Käufer zahlt faktisch den Preis plus die Suchkosten für das Grundstück. Das führt dazu, dass Transaktionen, die weniger Wert schaffen, als Transaktionskosten anfallen, nicht mehr durchgeführt werden. Der Wert, den sie schaffen würden, kann die Gesellschaft dann aufgrund der Suchkosten nicht realisieren. Diese Wohlfahrt geht durch Suchkosten verloren.[16]

Unsicheres Bestehen der Rechte

Wenn wir statt der Möglichkeit, die Wirksamkeit der Verfügung durch Aufwendung von Suchkosten aufzuklären, annehmen, dass der Erwerber keine realistische Möglichkeit der Aufklärung hat, verändert sich die Zahlungsbereitschaft des Erwerbers. Der Erwerber wird eine Erwartung darüber bilden, mit welcher Wahrscheinlichkeit[17] die Verfügung wirksam ist. Entsprechend dieser Wahrscheinlichkeit wird er seine Zahlungsbereitschaft verringern.[18] Er erwirbt ja nun nicht mehr sicher den begehrten Ge-

16 Cooter und Ulen 2012, S. 89. Bekannt ist dieses Phänomen vielleicht durch den Steuerkeil: Eine Konsumsteuer bewirkt, dass die Transaktionen, für welche die Differenz zwischen Zahlungsbereitschaft und Bereitstellungskosten kleiner sind als die Steuer, nicht mehr vorgenommen wird. Die Steuer führt zu einem Rückgang der Transaktionen und damit zu einem Wohlfahrtsverlust.

17 Zum Begriff der hier gemeinten subjektiven Wahrscheinlichkeiten, die unabhängig von der Kenntnis objektiver Häufigkeiten sind.

18 Arruñada 2009, S. 7.

genstand. Er erwirbt sozusagen nur eine Aussicht auf den Gegenstand. Diese Absenkung der Zahlungsbereitschaft führt ebenfalls zu einer Verringerung der Transaktionen, weil die Zahlungsbereitschaft nun häufiger die Bereitstellungskosten nicht mehr deckt.[19]

Die Dynamik, die lohnenden Austausch verhindert

In bestimmten Fällen kann dieser Umstand durch die weithin bekannte Dynamik, die Akerlof in seinem Papier zum *„Market for Lemons“*[20] beschrieben hat, verschlimmert werden. Das setzt voraus, dass die Bereitstellung wirksamer Verfügungen teurer ist als die Bereitstellung unwirksamer (was nahe liegt, weil der Verfügende nur durch wirksame Verfügungen ein Recht verliert).[21]

Man stelle sich vor, es gebe nur drei Stufen der Wahrscheinlichkeit für die Wirksamkeit einer Verfügung: niedrig, mittel und hoch. Für den Erwerber sind alle Verfügungen durchschnittliche, denn er kann nicht erkennen, ob eine bestimmte Verfügung mit niedriger, mittlerer oder hoher Wahrscheinlichkeit wirksam ist. Alle Verfügungen sind deshalb für ihn (unter der Annahme einer Gleichverteilung der drei Verfügungstypen) solche, die mit mittlerer Wahrscheinlichkeit wirksam sind. Deshalb ist er bereit, einen mittleren Preis für sie zu zahlen. Für diesen Preis sind aber die Anbieter von Verfügungen, die mit hoher Wahrscheinlichkeit wirksam sind und deren Bereitstellung also teuer ist, nicht bereit zu verfügen. In zweiter Näherung wird dem Erwerber daher klar, dass diese Anbieter gar nicht auf dem Markt sind. Es werden nur Verfügungen angeboten, die mit niedriger oder mittlerer Wahrscheinlichkeit wirksam sind. Er ist daher bereit, einen Preis zwischen niedrig und mittel zu zahlen. Dieser treibt die Anbieter von Verfügungen vom Markt, die mit mittlerer Wahrscheinlichkeit wirksam sind, so dass am Markt nur wahrscheinlich unwirksame Verfügungen angeboten werden, für die ein sehr niedriger Preis gezahlt wird. Der Gesellschaft geht so alle Wohlfahrt verloren, die durch Verfügungen mit mittlerer oder hoher Wirksamkeitswahrscheinlichkeit geschaffen worden wäre. Durch diese Erschwerung von Austausch wird so auch Spezialisierung weiter erschwert.[22]

---

19 Arruñada 2009, S. 7.
20 Akerlof 1970.
21 Zum Folgenden Arruñada 2009, S. 7.
22 Arruñada 2012b, S. 3.

Privatautonome Lösung durch Parteien?

Der verfügende Agent ist von den Schwierigkeiten des Erwerbers nicht unbeeindruckt. Agent und Erwerber teilen sich mit Hilfe des Preises den Wert, den die Verfügung generiert. Wenn asymmetrische Information durch die Notwendigkeit von Suchkosten den Preis erhöht, den der Erwerber zahlen muss oder durch die Dynamik eines *lemons markets* die Zahlungsbereitschaft des Erwerbers mindert, so dass weniger Transaktionen abgeschlossen werden, verliert dadurch auch der Agent Einnahmen. Dieser hat daher ein Interesse daran, die Informationsasymmetrie zu beseitigen. Fehlt etwa ein Grundbuch, könnte es sich einbürgern, dass der Verkäufer alle Verträge aufhebt, die ihn und seine Voreigentümer in die Eigentümerstellung gebracht haben. Beim Verkauf wird dieses Konvolut mit übertragen, damit der nächste Eigentümer, wenn er verkauft, wiederum seine Eigentümerstellung belegen kann. Aber der Käufer kann nicht wissen, ob das Konvolut vollständig ist. Vielleicht fehlt genau der Vertrag, der belegen würde, dass der Veräußerer das Grundstück kürzlich schon anderweitig übertragen hat.[23] Auch ein für eine Gesellschaft handelnder Geschäftsleiter kann bei Beginn einer Geschäftsbeziehung ggf. die Dokumente bereithalten, die seine Berechtigung und die Existenz der Gesellschaft belegen, so dass sie der Erwerber etwa von einem Anwalt prüfen lassen kann. Aber wieder bleibt unklar oder nur gegen erhebliche Aufwendungen erschließbar, ob ihm diese Berechtigung nicht schon entzogen ist oder die Gesellschaft schon aufgelöst wurde. Schließlich kann der Agent garantieren, dass er berechtigt ist, und versprechen, andernfalls einen hohen Schadensersatz zu zahlen. Diese Garantie wäre für den Agenten, der wirksam verfügt, günstig, denn er wüsste ja, dass er aufgrund seiner wirksamen Verfügung nicht haftet. Und ihre Vereinbarung wäre für einen unwirksam verfügenden Agenten zu teuer, denn er würde ja haften (*Signalling*).[24] Aber ein solcher vertraglicher Anspruch wirkt nicht *in rem* und hängt dadurch mindestens von der Zahlungsfähigkeit des Agenten ab, über die wiederum Erkundigungen einzuholen wären. Im Falle von Sicherungsrechten, etwa

---

23 Arruñada 2012a, III.A. Der Staat könnte bestimmen, dass eine Verfügung nur bei Übertragung des Konvoluts auch Dritten gegenüber wirksam ist. Dann muss der Erwerber, der das Konvolut erhält, eine Vorveräußerung nicht fürchten. Das würde den Erwerber aber immer noch mit der möglicherweise kostspieligen Echtheitsprüfung der Dokumente belasten. Dazu kann der Staat eine möglichst fälschungssichere Urkunde bereitstellen. Zu staatlichen Hilfen vgl. unten unter „Publizität".

24 Grossman 1981.

der Sicherungsübereignung, stellte sich eine etwaige Unwirksamkeit der Verfügung typischerweise gar erst im Falle einer Insolvenz des Agenten heraus. Eine Garantie, die erst greift, wenn der Schuldner sowieso kein Vermögen mehr hat, kann der Schuldner immer eingehen. Er wird sie ja sowieso nicht erfüllen. Damit ist die Garantie im Falle von Sicherungsrechten typischerweise für wirksam und für unwirksam verfügende Sicherungsgeber gleichermaßen günstig und taugt daher nicht für ein *Signalling*, das dem Sicherungsnehmer ermöglichen würde, die beiden Gruppen zu unterscheiden.

Was daran erkennbar wird, ist, dass diese Wege des Belegs der Berechtigung des Agenten zwar günstiger sein können als die Suche des Erwerbers. Aber ihre Aussagekraft ist beschränkt oder sie verursachen immer noch erhebliche Kosten. Diese erhöhen die Transaktionskosten beider Parteien. Können die Transaktionskosten durch den Wert, den die Transaktion generiert, nicht mehr gedeckt werden, führen sie unabhängig davon, ob sie auf Seiten des Agenten oder des Erwerbes anfallen, dazu, dass die Transaktion nicht durchgeführt wird. Gleiches gilt für die verbleibende Informationsasymmetrie.

Im Ergebnis ist die Lösung der Informationsasymmetrie durch die Parteien also prinzipiell denkbar, wird ohne fremde Hilfe aber oft teuer und oft unpraktikabel sein.

Zwischenergebnis

Ohne Verkehrsschutz weiß der Erwerber also nicht, ob er überhaupt etwas erwirbt. Weil das Suchkosten verursacht, seine Zahlungsbereitschaft mindert oder die Bereitstellungskosten des Veräußerers erhöht, entsteht so ohne Verkehrsschutz ein Wohlfahrtsverlust.

Probleme des Verkehrsschutzes

Aber Verkehrsschutz ist auch keine Lösung. Würde das Recht den Verkehrsschutz allgemein der Priorität vorziehen, wüsste der Erwerber zwar stets sicher, dass er wirksam erwirbt. Er müsste aber auch stets fürchten, dass weitere Erwerber ihm sein Recht wegerwerben, denn es würden problematische Fälle generell zugunsten des Erwerbers entschieden. Unsicherheit bestünde so weiterhin – wenn auch nicht über den Erwerb sondern über den Fortbestand des Rechts in den Händen des Erwerbers.[25] Weil der Erwerber also statt eines sicheren Rechts ein unsicheres erwürbe, würde er wieder seine Zahlungsbereitschaft im Vergleich zum Erwerber eines sicheren Rechts absenken, was die oben beschriebenen Folgen eines Wohlfahrtsverlusts zeitigen würde.

Zugleich vereitelt die Unsicherheit über das Bestehen von Rechten Anreize zur Investition.[26] Es ist leicht einzusehen, dass man in die Entwicklung eines attraktiven Baugrundstücks in Innenstadtlage nicht optimal investieren mag, wenn man unsicher ist, ob einem das Grundstück eigentlich gehört. Man könnte ja nicht sicher sein, die Früchte der Investition selbst zu ernten.

Auch Anreize zu effizienter innerbetrieblicher Spezialisierung können durch die Unsicherheit um den möglichen Wegerwerb von erworbenen Rechten vereitelt werden.[27] Müsste man immer fürchten, dass ein Gegenstand wegerworben wird, sobald man ihn aus der Hand gibt, würde man nur selbst mit ihm verfahren und so – hoffentlich – sicherstellen, dass man ihn auch künftig behält. Eine arbeitsteilige Betriebsorganisation wird so erschwert. Spezialisierungsvorteile, die erst durch arbeitsteilige Organisation erreicht werden können, könnten so nicht gehoben werden. Die Kostensteigerung, die mit Produktion ohne Spezialisierung einhergeht, wird erneut zu weniger Transaktionen führen.

Zentraler Zielkonflikt

So entsteht ein Zielkonflikt. Eine Rechtsordnung, die nur die Wahl zwischen Verkehrsschutz und Priorität hat, wird also immer sowohl ein wenig Verkehrsschutz bieten als auch ein wenig auf Priorität abstellen. Die Rechtsordnung muss einen Kompromiss finden, der nie optimal sein wird. Sie muss insbesondere abwägen, ob der Wohlfahrtsgewinn zusätzlicher Transaktionen größer ist – dann muss sie eher den Verkehrsschutz stärken – oder ob der Wohlfahrtsgewinn durch zusätzliche Investitionen größer ist – dann muss sie eher das Prioritätsprinzip stärken.[28]

25 Arruñada 2009, S. 3.
26 Miceli 2009, S. 163; Arruñada 2009, S. 7.
27 Arruñada 2009, S. 7.
28 Arruñada 2003, S. 406, 2012b, S. 17, 2012a, I., 2009, S. 13.

Die Auflösung des Zielkonflikts

Die Rechtsordnung kann den Tradeoff zwischen Verkehrsschutz und Priorität aber auch durch institutionelle Innovation beseitigen – und genau das geschieht durch Publizität,[29] etwa durch die Einführung eines Registers.[30] Publizität führt dazu, dass der Berechtigte sein Recht für alle sichtbar machen kann und es dadurch schützt.[31] Oder er verzichtet durch fehlende Eintragung freiwillig auf diesen Schutz, worauf die Rechtsordnung mit einem Vorrang des Verkehrsschutzes reagiert.[32] So kann dann auch der Erwerber erkennen, ob die Verfügung zu seinen Gunsten wirksam ist oder nicht. Und er kann nach Erwerb das Recht in seinen Händen durch Eintragung schützen. Publizität beseitigt die Informationsasymmetrie zwischen Erwerber und Agent. Sie ermöglicht es daher, Verkehrsschutz und den Schutz des zuerst bestehenden Rechts *zugleich* voll zu verwirklichen.

Publizität

Publizität lässt sich durch verschiedene Maßnahmen erreichen. Bei Rechten an beweglichen Sachen vermittelt der Besitz auch ohne eine Vermutung ein starkes Indiz für die Berechtigung und damit Publizität.[33] Wenn der Besitz die Berechtigung nicht sicher indiziert, vielleicht weil die betreffende Sache durch viele genutzt wird, kann man eine Urkunde an die Stelle des Rechts setzen. Die Urkunde wird mit dem Recht übertragen und wahrt so die Publizität.[34] Der Fahrzeugbrief ist hier ein Beispiel, das ähnlich funktioniert wie das oben erwähnte Konvolut. Hier wird die Urkunde aber kombiniert mit der durch staatliche Gerichte gewährleisteten Regel, dass eine drittwirksame Rechtsübertragung durch den Unberechtigten grundsätzlich genau dann möglich ist, wenn die Urkunde vorgelegt wird.[35] So kann der Berechtigte wählen, ob er durch Einbehalt der Urkunde sein Recht schützt oder durch Weitergabe der Urkunde Verkehrsschutz ermöglicht. Gerade wenn das Recht wertvoll ist und etwa zugunsten vieler belastet werden kann, ist die Beschränkung auf *eine* Urkunde angesichts

---

29 Arruñada 2003, S. 411.
30 Arruñada 2012b, S. 3.
31 Arruñada 2012a, II.A.
32 Arruñada 2009, S. 14.
33 Arruñada 2012b, S. 3, 2003, S. 406.
34 Arruñada 2003, S. 407.
35 Herrler 2019, Rn. 13.

der vielen Berechtigten allerdings unbefriedigend. Außerdem setzt sich der Eigentümer bei der Übergabe der Urkunde sicherungshalber der Gefahr opportunistischen Verhaltens des Sicherungsnehmers aus, der seine Sache bei Überlassung der Urkunde vielleicht weiterveräußert.[36] Schließlich ist eine öffentliche Sammlung der Veräußerungsverträge (*record of deeds*) denkbar, zu der alle Verträge gegeben werden müssen, um Wirkung *erga omnes* zu entfalten. Dies gewährleistet Vollständigkeit.[37] *Records of deeds* sind vergleichsweise günstig in der Einrichtung.[38] Aber die eingereichten Verträge werden nicht auf Wirksamkeit geprüft. Es wird jeder eingereichte Vertrag aufgenommen, soweit er der erforderlichen Form entspricht.[39] Im Falle einer Transaktion bleibt daher eine Prüfung der Verträge und das Herausarbeiten einer *chain of title* erforderlich – meist unter Inanspruchnahme spezialisierter privater Vertragsanbahnungsdienstleister.[40]

Im Unterschied zu den genannten Publizitätsvehikeln verzeichnet ein Register Informationen zu Rechten selbst, die an einer bestimmten Sache bestehen.[41] Dafür ist es erforderlich, die angemeldeten Rechtsänderungen zu prüfen und unwirksame Rechtsakte auszuscheiden.[42] So vermittelt das Register einen Rechtsschein, auf den sich der Verkehr verlassen kann.[43] Das Register beseitigt die Informationsasymmetrie, indem es die relevante Information für alle interessierten Parteien einsehbar festhält.[44] Die Einrichtung eines Registers lohnt sich – insbesondere gegenüber einer bloßen Verfügungssammlung – dann, wenn drei Bedingungen erfüllt sind. Der Gegenstand des Rechts sollte sich klar und dauerhaft bezeichnen lassen.[45] Die Transaktionen sollten häufig sein, so dass sich die erheblichen anfänglichen Investitionen zu einer Einrichtung amortisieren.[46] Das Register sollte sich so betreiben lassen, dass der Nutzen der Eliminierung unwirksamer Rechtsakte die Kosten dieser Eliminierung sowie die Kosten fehlerhafter Nichtberücksichtigung eigentlich wirksamer Rechtsakte überwiegt.[47]

36 Arruñada 2003, S. 407.
37 Arruñada 2012a, II.B.
38 Arruñada 2003, S. 432.
39 Arruñada 2012a, II.B.
40 Arruñada 2003, S. 415–416, 2012a, II.B., III.B.
41 Arruñada 2003, S. 420, 2012a, II.C.
42 Arruñada 2003, S. 420.
43 Arruñada 2012a, II.C.
44 Arruñada 2012a, IV.B.
45 Bell und Parchomovsky 2016, S. 280.
46 Arruñada 2003, S. 438.
47 Bell und Parchomovsky 2016, S. 280.

Das Register – eine Staatsaufgabe?

Sind Gewährleistung, Einrichtung und Führung von Registern nun Staatsaufgaben? Grundbuch und Handelsregister als paradigmatische Beispiele für Publizität schaffende Register werden in Deutschland durch staatliche Stellen gewährleistet, eingerichtet und geführt. Aber ist das notwendig?

Zur *Gewährleistung* aller genannten Publizitätsvehikel ist meist zumindest der minimale staatliche Akt erforderlich, dass Gerichte eine drittwirksame Verfügung von der Erfüllung des betreffenden Publizitätserfordernisses abhängig machen. Erkennen die Gerichte Verfügungen ohne Registereintragung nicht an, wäre zu erwarten, dass die Parteien alle Verfügungen registrieren lassen wollen. Vom zentralen Testamentsregister ist Vollständigkeit dementsprechend solange nicht zu erwarten, wie privatschriftliche Testamente auch ohne Verwahrung bei Amtsgericht oder Notar voll wirksam sind. Wenn Gerichte die Eintragung zum Wirksamkeitserfordernis machten, könnte aber auch ein Privater ein vollständiges Register einrichten und führen. Eine weitere Stärkung der Publizität können Gerichte durch Anerkennung eines Rechtsscheins des Publizitätsvehikels erreichen, so dass nicht nur das Fehlen des Publizitätsaktes eine Verfügung zerstört, sondern Publizität positiv die Berechtigung ersetzen kann. Erst so wird der Erwerber wirksam von Suchkosten entlastet, weil er sich etwa auf das Register verlassen kann.

Auch die *Einrichtung* von Registern geht möglicherweise mit Schwierigkeiten einher, die der Staat eher meistern kann. Für eine Einrichtung des Registers durch den Staat spricht zunächst, dass gerade analoge Register die Aufwendung hoher Fixkosten erfordern, die sich allenfalls bei sehr vielen Transaktionen amortisieren. Ein solches Risiko kann der Staat vielleicht leichter tragen als private Akteure.[48] Auch könnten diese Fixkosten *collective-action*-Probleme verursachen. Vielleicht möchte ich mich an der Schaffung des Registers nicht beteiligen, mich aber gern aus ihm informieren und meine Rechte registrieren, wenn es einmal steht. Weil das Register notwendig öffentlich ist, wird mich daran niemand hindern. Weil jeder das sieht, ist die freiwillige private Finanzierung eines Registers schwierig. Dass sich mehrere zusammenschließen um die hohen Fixkosten gemeinsam aufzubringen, ist daher unwahrscheinlich.[49] Aber dass Private prinzipiell in der Lage sind Publizitätsvehikel selbst zu schaffen, zeigt das Beispiel privater *records of deeds*, Verzeichnisse von Verfügungen, die von Pri-

48 Arruñada 2003, S. 438, 2003, S. 433.
49 Zum Ganzen: Arruñada 2012b, S. 77.

vaten vor allem in Zeiten des Versagens staatlicher Verzeichnisse dupliziert wurden.[50] Tatsächlich gibt es auch hierzulande Beispiele, die privaten Registern zumindest nahe kommen, etwa die SchuFa.

Weil auch an der konkreten Transaktion nicht Beteiligte (im Modell der Berechtigte) geschützt werden sollen, muss das Register manipulationsfrei und unabhängig von den Parteiinteressen *geführt* werden.[51] Private Registerbetreiber und Intermediäre können prinzipiell ebenso neutral und verlässlich sein wie ein staatliches Register. Wenn die Nutzung ihrer Dienste nur durch Neutralität attraktiv ist und ihr Geschäft daher davon abhängt, dass sie eine Reputation der Neutralität erwerben, wird dieses Bedürfnis nach neutraler Reputation sie von opportunistischem Verhalten im Einzelfall abhalten.[52] Wenn ein Grundstückserwerber sich beim Betreiber eines Registers verlässlich über den Bestand der Verkäuferberechtigung des Verfügenden informieren will, wird er den Dienstleister nur bemühen, wenn er davon ausgehen kann, dass das Register bisher manipulationsfrei und neutral geführt wurde. Und wenn der Registerführer strukturell Erwerber bevorzugt, werden sich die Erwerber, die künftig Berechtigte sein werden, nicht auf ihn verlassen. Auch Wirtschaftsprüfer oder Rating Agenturen verkaufen letztlich ihre Reputation. Diese wird zerstört, wenn sie Unzulässiges zertifizieren. Der Enron-Fall, der Arthur Anderson zum Marktaustritt zwang, hat nicht nur gezeigt, dass diese Mechanismen nicht absolut sicher sind, sondern vor allem belegt, dass zerstörte Reputation den Verbleib am Markt unmöglich macht. Wenn der Betreiber des Verzeichnisses zugleich als Versicherer das Risiko übernimmt, dass der Verkäufer unberechtigt ist, hat er auch einen materiellen Anreiz, das Register zur eigenen Absicherung manipulationsfrei und neutral zu führen. Das signalisiert seine Zuverlässigkeit auch nach außen.

Wenn es aber einem profitmaximierenden Privaten gelingt, ein Registersubstitut zu schaffen, auf das sich der Geschäftsverkehr verlässt, könnte dieses Register, ähnlich wie heute Internetplattformen, aufgrund von Skaleneffekten eine Monopolstellung erhalten, die es wirtschaftlich ausnutzen könnte.[53] Diese potentielle Ausnutzung von Marktmacht würde die Dienstleistungen des Registerbetreibers stark verteuern und gegebenenfalls eine staatliche Regulation erfordern. Vielleicht ist es da günstiger, Register gleich von staatlichen Stellen betreiben zu lassen.

---

50 Arruñada 2012a, III.B.

51 Arruñada 2009, S. 4, 2012b, S. 7, 2003, S. 425.

52 Arruñada 2003, S. 425.

53 Arruñada 2003, S. 433–434. Vgl. auch Arruñada 2012a, III.A. zur möglicherweise notwendigen Kooperation etwaiger Wettbewerber.

Aber auch staatliche Register garantieren nicht, dass die Parteien von überhöhten Kosten des Vertragsschlusses verschont bleiben.[54]

Grundsätzlich wären angesichts eines funktionierenden staatlichen Registers private Dienstleistungen zur Vertragsanbahnung nicht mehr erforderlich:[55] Ein Staatsbeamter prüft das Bestehen des Rechts und passt den Stand des Registers an die für wirksam befundenen Rechtsänderungen an. Damit ist die Informationsasymmetrie beseitigt und der privaten Interaktion stehen keine Hindernisse mehr im Weg, die diese durch private Mittel beseitigen müssten. Angesichts dieser Dienstleistung der Registerbehörde ist schwer einzusehen, warum die Verträge noch der zwingenden Mitwirkung etwaiger Berater bedürfen, warum die Identitätsfeststellung nicht auch von der prüfenden Behörde übernommen werden kann und warum die Berufe, die Dienstleistungen bei der Vertragsanbahnung oder Abfassung anbieten, zulassungsbeschränkt und einer Gebührenordnung unterworfen sind.[56] All diese Interventionen dürften angesichts der Leistung des Registers kaum Vorteile bringen. Sie schaffen eine künstliche Nachfrage (jeder muss diese unabhängig von seiner Wertschätzung in Anspruch nehmen) und verknappen zugleich das Angebot und heben den Preis. Das verteuert Vertragsschluss und Verfügung.

Dafür, dass dennoch etwa Register und Notare parallel existieren, gibt es zwei Erklärungen. Die eine ist, dass eine sorgfältige Prüfung der Wirksamkeit von Verfügungen nur unter erheblichen Anreizen möglich ist. Die andere, dass Register dem Lobbying von etablierten Berufsgruppen besonders schutzlos ausgesetzt sind.

Klar ist, dass ein Register, das Veränderungen nur mit extremer Verzögerung oder gar fehlerhaft registriert, weitgehend wertlos ist.[57] Publizität wird nur erreicht, wenn der zutreffende Rechtszustand zeitnah im Register ausgewiesen wird. Weil das Besondere an Registern ist, dass vor Eintragung die Wirksamkeit der Verfügungen geprüft wird, so dass sie den Rechtszustand selbst ausweisen, ist vor Eintragung Prüfungsaufwand erforderlich. Prüfer, die keine Anreize zur Prüfung haben, könnten hier nach-

54 Zur gerechten Kostenverteilung hat die Ökonomik nichts zu sagen, soweit man einem deontologischen Gerechtigkeitsbegriff anhängt. Ist man Konsequenzialist, kann man in Nachfolge der utilitaristischen Ethik Effizienz für einen pragmatischen Gerechtigkeitsbegriff halten.

55 Arruñada 2012a, III.C.

56 Arruñada 2012a, III.D.

57 Arruñada 2009, S. 17, 2003, S. 416.

lässig oder langsam agieren. Daher wird zum Teil vorgeschlagen, den Prüfern Anreize zu setzen und sich nicht auf Beamte zu verlassen, die unabhängig von ihrem Bemühen monatlich dieselbe Vergütung erhalten. Wenn die Prüfer pro Prüfung bezahlt werden und im Wettbewerb um Prüfungsfälle stehen, maximieren sie ihren Ertrag durch die Ausbildung einer Marktreputation, die Dinge schnell und fehlerlos zu erledigen. Soweit der Erfolg vollständig messbar[58] ist, könnte auch eine Vergütung in Abhängigkeit etwa von Geschwindigkeit und Fehlerlosigkeit der Erledigung helfen. Wenn es schwer ist, solche Anreize auch Registerbeamten zu vermitteln, könnte es angezeigt sein, eine Vorprüfung durch regulierte Private zu verlangen. Allerdings bleiben Fragen. Warum prüft der Staat – wie etwa durch das Registergericht – dann auch nochmal. Und ist die Ausbildung einer Marktreputation bei Transaktionen, die ein einzelner, wie beim Immobilienerwerb, meist nur ein- oder zweimal im Leben vornimmt, eigentlich realistisch?

Die alternative Erklärung ist eine auf der Grundlage der Theorie der *public choice*.[59] Vertragsanbahnungsdienstleister hätten viel zu verlieren, würden sie aus dem Prüfungsgeschäft verdrängt. Sie haben deshalb einen Anreiz, erhebliche Ressourcen aufzuwenden, um die Gesetzgebung in ihrem Sinne zu beeinflussen. In Folge dieser Gesetzgebung ist dann eben für Vertragsschlüsse weiterhin die Mitwirkung bestimmter Berater erforderlich. Die Identitätsfeststellung wird dann weiterhin von regulierten Privaten erbracht. Und Berufe, die Dienstleistungen bei der Vertragsanbahnung oder Abfassung anbieten, bleiben weiterhin zulassungsbeschränkt und preisreguliert, so dass der Wettbewerb zwischen den Berufsträgern sich in Grenzen hält. So wird Rente von den Parteien an die Berufsträger transferiert.

Aber ist die dauerhafte teilweise Entwertung wirksamer Innovation durch Lobbyismus wirklich plausibel?[60] Maschinenstürmer stehen normalerweise auf so verlorenem Posten, weil sie sich typischerweise gegen Innovationsleistungen anderer Privater wehren. Diese anderen Privaten haben ihrerseits starke Anreize, die Maschinenstürmer zurückzudrängen, um die Profite, welche die Effizienzen ihrer Innovationen vermitteln, zu realisieren. Nützliche Innovationen setzen sich daher normalerweise soweit durch, wie sie Nutzen stiften, den die Innovatoren in Profite umsetzen können. Im Falle des Registers ist das typischerweise anders. Lobbyisten, die für die Erhaltung von Vertragsanbahnungsdienstleistungen trotz Regis-

58 Milgrom und Roberts 1992, S. 228–229.
59 Für eine Einführung in public choice vgl. Towfigh und Petersen 2017.
60 Zum Folgenden Arruñada 2009, S. 17.

ters kämpfen, steht der Staat gegenüber, dessen Vertreter von den Effizienzen seiner Innovation meist selbst nicht profitieren.[61] Und die Verfügungsparteien, die von dem Register profitieren, haben ein *collective-action*-Problem, wenn sie sich gegen *rent seeking* der Vertragsanbahner zur Wehr setzen wollen. Jeder Grundstückskäufer hofft, dass andere Grundstückskäufer sich um die Vergünstigung der Transaktionen kümmern, von der er dann nicht auszuschließen wäre. Dazu kommt, dass eine Regel, welche die Inanspruchnahme von Vertragsanbahnungsdienstleistungen zwingend vorschreibt, die einzelne Partei, die vielleicht nur einmal im Leben ein Grundstück kauft, nur relativ wenig kostet. Der Vertragsanbahnungsdienstleister, der in viele Transaktionen einbezogen werden muss, verdient an dieser Regel aber sehr viel. Sein Anreiz, für den Erhalt der Regel zu kämpfen, ist daher viel größer als der Anreiz der einzelnen Partei, sich für ihre Beseitigung einzusetzen.[62] Das gilt, obwohl der gesamtgesellschaftliche Schaden durchaus enorm sein und den Vorteil der Vertragsanbahner um ein Vielfaches übersteigen kann. Dass die Verbindlichkeit der Nutzung von zulassungsbeschränkten und preisregulierten Vertragsanbahnungsdienstleistungen auch auf Lobbyismus zurückgehen könnte, ist damit zumindest plausibel.

Ergebnis

Im Ergebnis ist danach festzuhalten: Register beseitigen den Zielkonflikt zwischen Verkehrsschutz und dem Schutz des früher erworbenen Rechts durch Publizität. Sie ermöglichen es damit, zugleich Verkehrsschutz und Priorität perfekt zu verwirklichen. Das führt zu optimalem Güteraustausch und optimalen Investitions- und Spezialisierungsanreizen. Damit ein Register dies gewährleisten kann, muss es unabhängig, allgemein zugänglich, schnell und richtig arbeiten.

Zur Gewährleistung von Registern ist meist zumindest die Anerkennung von Publizität und Rechtsschein durch staatliche Gerichte erforderlich. Auch die Einrichtung von Registern wird angesichts hoher Fixkosten meist der Staat vornehmen. Oft kann der Staat auch die Registerführung besonders gut leisten. Notwendig scheint die staatliche Registerführung aber nicht zu sein. Private können Register führen, soweit sie von Gerich-

---

61 Arruñada 2009, S. 17–18.

62 Ein typisches Muster, das *rent seeking* erfolgversprechend macht, vgl. Towfigh und Petersen 2017, 355 und passim.

ten anerkannt werden. Auch können Private andere Publizitätsvehikel schaffen, die zwar, wie ein *record of deeds*, in der Wirkung von Registern zurückbleiben mögen, die aber kostengünstige Substitute sind, wenn der Staat, anders als in Deutschland, nicht in der Lage ist, ein wirksames Register bereitzustellen oder die Einrichtung eines Registers angesichts seltener Transaktionen oder geringwertiger Gegenstände zu teuer ist.

Register machen die zwingende Nutzung privater Dienstleistungen zur Vertragsanbahnung weitgehend entbehrlich. Soweit in Deutschland dennoch die Nutzung von Vertragsanbahnungsdienstleistungen vorgeschrieben ist, könnte angesichts seiner gut geführten Register noch Potential zur weiteren wohlfahrtssteigernden Transaktionskostensenkung bestehen.

Literaturverzeichnis

Akerlof, George A. (1970): The Market for "Lemons": Quality Uncertainty and the Market Mechanism. In: *The Quarterly Journal of Economics* 84 (3), S. 488–500.

Arruñada, Benito (2003): Property Enforcement as Organized Consent. In: *Journal of Law, Economics, and Organization* 19 (2), S. 401–444. DOI: 10.1093/jleo/ewg016.

Arruñada, Benito (2009): The Law of Impersonal Transactions: Meaning and Difficulties.

Arruñada, Benito (2012a): Chapter 12: Property titeling and conveyancing. In: Kenneth Ayotte und Henry E. Smith (Hg.): Research Handbook on the Economics of Property Law: Edward Elgar, Cheltenham UK, 2011, pp. (Research Handbooks in Law and Economics), S. 237–256.

Arruñada, Benito (2012b): Institutional foundations of impersonal exchange. Theory and policy of contractual registries. Chicago: University of Chicago Press. Online verfügbar unter http://site.ebrary.com/lib/alltitles/docDetail.action?docID=10594356.

Bell, Abraham; Parchomovsky, Gideon (2016): Of Property and Information. In: *Columbia Law Review* 116, S. 237–286.

Cooter, Robert; Ulen, Thomas S. (2012): Law & Economics. 6. Aufl. Boston, Mass.: Addison-Wesley (The Pearson series in economics).

Grossman, Sanford J. (1981): The Informational Role of Warranties and Private Disclosure about Product Quality. In: *The Journal of Law & Economics* 24 (3), S. 461–483.

Herrler, Sebastian (2019): § 932 BGB. In: Gerd Brudermüller, Otto Palandt und Jürgen Ellenberger: Bürgerliches Gesetzbuch. Kommentar. 79., neubearbeitete Auflage.

Miceli, Thomas J. (2009): The economic approach to law. 2. Aufl. Stanford, Calif: Stanford Economics and Finance.

Milgrom, Paul R.; Roberts, John (1992): Economics, organization and management. Englewood Cliffs, NJ: Prentice Hall.

Morell, Alexander (2017): Nachfrage, Angebot und Märkte. In: Emanuel V. Towfigh, Niels Petersen, Markus Englerth, Sebastian J. Goerg, Stefan Magen, Alexander Morell und Klaus Ulrich Schmolke (Hg.): Ökonomische Methoden im Recht. Eine Einführung für Juristen. Tübingen: Mohr Siebeck (Mohr Lehrbuch).

Towfigh, Emanuel V.; Petersen, Niels (2017): Public und Social Choice Theorie. In: Emanuel V. Towfigh, Niels Petersen, Markus Englerth, Sebastian J. Goerg, Stefan Magen, Alexander Morell und Klaus Ulrich Schmolke (Hg.): Ökonomische Methoden im Recht. Eine Einführung für Juristen. Tübingen: Mohr Siebeck (Mohr Lehrbuch), 163-194.

Das Phänomen des Registers: Begriff, Typologie, unions- und verfassungsrechtliche Implikationen

Foroud Shirvani

I. Das Register als Informationsreservoir des Staates

Wissen und Information bilden das Fundament für rationales staatliches Handeln.[1] Will der Staat rationale Entscheidungen treffen, die von den Rechtsunterworfenen inhaltlich akzeptiert und freiwillig befolgt werden, muss er diese in einem geordneten Verfahren vorbereiten. Eine rationale Entscheidungsfindung bedingt, dass der Staat die entscheidungsrelevanten Tatsachen ermittelt, eine sorgfältige Problemanalyse durchführt, die betroffenen Interessen gewichtet, Abwägungen vornimmt und ggf. Prognosen anstellt.[2] All dies setzt voraus, dass der Staat über gesichertes Wissen und fundierte Informationen verfügt.[3] Zur ordnungsgemäßen Erfüllung seiner Aufgaben ist der Staat mit anderen Worten „auf die Generierung von Wissen durch stetige Gewinnung, Weitergabe und Verarbeitung von Informationen angewiesen".[4] Diese Leitlinie gilt insbesondere für die staatlichen Behörden. Daher verpflichtet das Verwaltungsverfahrensgesetz die Behörden, in Verwaltungsverfahren den Sachverhalt von Amts wegen zu ermitteln und ermächtigt sie, sich aller Beweismittel zu bedienen, wozu

---

1 Vgl. *I. Augsberg*, Informationsverwaltungsrecht, 2014, S. 41 f.; *Fassbender*, in: Iseensee/Kirchhof (Hrsg.), Handbuch des Staatsrechts, Bd. IV, 3. Aufl. 2006, § 76 Rn. 2 f.; *P. Kirchhof*, in: Iseensee/Kirchhof (Hrsg.), Handbuch des Staatsrechts, Bd. V, 3. Aufl. 2007, § 99 Rn. 137; *Kloepfer*, Informationsrecht, 2002, § 10 Rn. 88; *Voßkuhle*, in: Schuppert/Voßkuhle (Hrsg.), Governance von und durch Wissen, 2008, S. 13 (16).

2 Vgl. *P. Kirchhof*, in: Iseensee/Kirchhof (Hrsg.), Handbuch des Staatsrechts, Bd. V, 3. Aufl. 2007, § 99 Rn. 142.

3 Vgl. zu diesen beiden Begriffen *Vesting*, in: Hoffmann-Riem/Schmidt-Aßmann/Voßkuhle (Hrsg.), Grundlagen des Verwaltungsrechts, Bd. II, 2. Aufl. 2012, § 20 Rn. 18 ff., 26 f.; zur Legaldefinition des Begriffs der „amtlichen Information" s. § 2 Nr. 1 IFG (Gesetz zur Regelung des Zugangs zu Informationen des Bundes v. 5.9.2005, BGBl. I S. 2722).

4 *Voßkuhle*, in: Schuppert/Voßkuhle (Hrsg.), Governance von und durch Wissen, 2008, S. 13 (16).

die Einholung von Auskünften, die Anhörung der Beteiligten und die Vernehmung von Zeugen und Sachverständigen gehören.[5]

Der Staat, der informiert handeln will, muss die relevanten Informationen sammeln und sinnvoll aufbewahren. Die Informationen müssen systematisch erfasst und strukturiert werden. Hierbei sind bestimmte Informationsträger erforderlich, in denen Informationen gespeichert werden, um bei Bedarf auf sie zugreifen zu können.[6] Als Informationsträger sieht der Gesetzgeber in einer kaum überschaubaren Vielzahl von Vorschriften Akten, Dateien, Verzeichnisse, Listen, Bücher, Kataster, Register oder Archive vor. Genannt seien etwa die Personalakte,[7] die Antiterrordatei,[8] das Waldverzeichnis,[9] die Denkmalliste,[10] das Emissionskataster,[11] das Wasserbuch,[12] das Melderegister,[13] das Fahrzeugregister,[14] das Nationale Waffen-

5 §§ 24 Abs. 1 S. 1, 26 Abs. 1 S. 1 und 2 Nr. 1 und 2 VwVfG (Verwaltungsverfahrensgesetz i. d. F. d. Bek. v. 23.1.2003, BGBl. I S. 102); s. auch *I. Augsberg*, Informationsverwaltungsrecht, 2014, S. 42 f.

6 Vgl. *Kloepfer*, Informationsrecht, 2002, § 10 Rn. 89 f.; *I. Augsberg*, Informationsverwaltungsrecht, 2014, S. 157 f.; *Collin*, in: Schuppert/Voßkuhle (Hrsg.), Governance von und durch Wissen, 2008, S. 75; vgl. zu den Archiven als „Informationsträgern“ *Schoch*, DV 39 (2006), 463.

7 § 106 BBG (Bundesbeamtengesetz v. 5.2.2009, BGBl. I S. 160).

8 § 1 Abs. 1 ATDG (Gesetz zur Errichtung einer standardisierten zentralen Antiterrordatei von Polizeibehörden und Nachrichtendiensten von Bund und Ländern v. 22.12.2006, BGBl. I S. 3409).

9 § 30 Abs. 2 LWaldG Bbg (Waldgesetz des Landes Brandenburg v. 20.4.2004, GVBl. I S. 137).

10 Vgl. etwa § 3 DSchG NRW (Gesetz zum Schutz und zur Pflege der Denkmäler im Lande Nordrhein-Westfalen v. 11.3.1980, GV. NRW. S. 226).

11 § 46 BImSchG (Gesetz zum Schutz vor schädlichen Umwelteinwirkungen durch Luftverunreinigungen, Geräusche, Erschütterungen und ähnliche Vorgänge i. d. F. d. Bek. v. 17.5.2013, BGBl. I S. 1274).

12 § 87 WHG (Gesetz zur Ordnung des Wasserhaushalts v. 31.7.2009, BGBl. I S. 2585).

13 § 2 BMG (Bundesmeldegesetz v. 3.5.2013, BGBl. I S. 1084).

14 § 31 Abs. 1 und 2 StVG (Straßenverkehrsgesetz i. d. F. d. Bek. v. 5.3.2003, BGBl. I S. 310, ber. S. 919).

register,[15] das Hunderegister[16] oder die Archive des Bundes[17] und der Länder.[18]

Diese nur beispielhafte Aufzählung illustriert, dass die Terminologie recht uneinheitlich ist. Während der Gesetzgeber das Archivwesen speziell geregelt und dabei definiert hat, was z. B. unter „Archivgut" zu verstehen ist,[19] fehlen vergleichbare Regelungen zu zahlreichen anderen Informationsressourcen. Die Gesamtschau der diversen Regelungen und der gesetzlich häufig synonym verwendeten Begriffe zeigt allerdings, dass das geschriebene Recht in vielen Fällen den Terminus des „Registers" benutzt und die Führung von Registern durch Behörden oder Gerichte zur Verfolgung bestimmter öffentlicher Zwecke vorschreibt. Hieran anknüpfend beschäftigt sich auch die wissenschaftliche Diskussion mit dem Phänomen des „Registers" als Teil des „administrativen Wissensmanagements" und als Pendant zum Archiv.[20] Gleichzeitig wird allerdings betont, dass es ein in sich geschlossenes und einheitliches Rechtsgebiet des Registerrechts nicht gebe, was nicht zuletzt auf die unterschiedlichen Organisationsformen und Aufgabenstellungen des Registerwesens zurückzuführen sei.[21] Mit Blick auf diesen Befund soll in diesem Beitrag die Rechtsfigur des „Registers" etwas mehr geschärft und dogmatisch beleuchtet werden. Dabei wird zunächst der Begriff des „Registers" untersucht, um in einem weiteren

---

15 § 1 NWRG (Gesetz zur Errichtung eines Nationalen Waffenregisters v. 25.6.2012, BGBl. I S. 1366).

16 Vgl. etwa § 24 HundeG Hmb (Hamburgisches Gesetz über das Halten und Führen von Hunden v. 26.1.2006, HmbGVBl. S. 37).

17 § 3 Abs. 1 BArchG (Gesetz über die Nutzung und Sicherung von Archivgut des Bundes v. 10.3.2017, BGBl. I S. 410).

18 Vgl. etwa § 4 Abs. 1 HArchivG (Hessisches Archivgesetz v. 26.11.2012, GVBl. S. 458).

19 Vgl. § 1 Nr. 2 BArchG.

20 Vgl. *I. Augsberg*, Informationsverwaltungsrecht, 2014, S. 157 ff. (Zitat); *Berger*, KommJur 2017, 169 ff.; *Collin*, in: Schuppert/Voßkuhle (Hrsg.), Governance von und durch Wissen, 2008, S. 75 ff.; *Kloepfer*, Informationsrecht, 2002, § 10 Rn. 90 ff.; *Ladeur*, in: Hoffmann-Riem/Schmidt-Aßmann/Voßkuhle (Hrsg.), Grundlagen des Verwaltungsrechts, Bd. II, 2. Aufl. 2012, § 21 Rn. 29 ff.; *U. Schmidt-Aßmann*, Öffentliche Bücher und Register der Verwaltungsrechtsordnung, 1977; s. auch *Krafka*, Registerrecht, 11. Aufl. 2019 mit einem Fokus auf die durch die Gerichte geführten Register.

21 Vgl. *Berger*, KommJur 2017, 169; *Collin*, in: Schuppert/Voßkuhle (Hrsg.), Governance von und durch Wissen, 2008, S. 75 (79 f.). *Krafka*, Einführung in das Registerrecht, 2. Aufl. 2008, Rn. 3 verwendet den Begriff des „Registerrechts" in einem engen Sinne und versteht darunter nur die für den Rechts- und Handelsverkehr bestimmten öffentlichen Register, wie z. B. das Handelsregister.

Schritt die einzelnen Registertypen und Registerfunktionen zu eruieren (Abschn. II und III). Zudem wird thematisiert, welche Direktiven das EU-Sekundärrecht und das Grundgesetz für das Registerwesen beinhalten (Abschn. IV).

II. Der Begriff des Registers

1. Begriff

Die bunte gesetzliche Terminologie, die von Verzeichnissen, Büchern, Katastern, Rollen und vor allem Registern spricht,[22] und der Umstand, dass die einschlägigen Regelungen über eine Vielzahl von Rechtsgebieten verstreut sind,[23] haben mit dazu beigetragen, dass im Schrifttum auf eine begriffliche Definition des „Registers" zum Teil verzichtet wird[24] oder dass unterschiedliche Deutungen präsentiert werden.[25] So werden in einer älteren Definition öffentliche Bücher und Register als „Zusammenfassungen von Beurkundungen" beschrieben, „die in mindestens einer Hinsicht aufeinander bezogen sind".[26] Eine andere Begriffsklärung deutet das Register als „ein systematisch geordnetes Verzeichnis zur Sammlung, Aufbewahrung, Systematisierung und Bereitstellung von Informationen".[27] Nach einer dritten Definition sind Register „systematisch geordnete Informationsbestände, in denen mit Hilfe bestimmter Kriterien festgelegte Grunddaten gespeichert sind".[28]

---

22 Vgl. *U. Schmidt-Aßmann*, Öffentliche Bücher und Register der Verwaltungsrechtsordnung, 1977, S. 3 f.; s. auch Abschn. I.

23 Vgl. *Holznagel*, in: Hoffmann-Riem/Schmidt-Aßmann/Voßkuhle (Hrsg.), Grundlagen des Verwaltungsrechts, Bd. II, 2. Aufl. 2012, § 24 Rn. 50.

24 Vgl. etwa *Berger*, KommJur 2017, 169 ff.; eine funktionale Deutung findet sich bei *Ladeur*, in: Hoffmann-Riem/Schmidt-Aßmann/Voßkuhle (Hrsg.), Grundlagen des Verwaltungsrechts, Bd. II, 2. Aufl. 2012, § 21 Rn. 30.

25 Vgl. sogleich im Text.

26 *U. Schmidt-Aßmann*, Öffentliche Bücher und Register der Verwaltungsrechtsordnung, 1977, S. 5.

27 *Kloepfer*, Informationsrecht, 2002, § 10 Rn. 90.

28 *Collin*, in: Schuppert/Voßkuhle (Hrsg.), Governance von und durch Wissen, 2008, S. 75 (79 f.). Eine bereichsspezifische Registerdefinition findet sich schließlich in der Allgemeinen Verwaltungsvorschrift zur Durchführung des Bundesmeldegesetzes (BMGVwV) v. 18.10.2015 (BAnz AT 30.10.2015 B2). Demnach ist das Melderegister „jede geordnete Sammlung der Einwohnerdaten in elektronischer Form zur automatisierten Datenverarbeitung" (Nr. 2.2.1 BMGVwV).

Aus diesen Umschreibungen und den registerspezifischen Regelungen geht zunächst hervor, dass Register *systematisch angelegte Informationsträger* sind, die den *Zugriff* auf bestimmte *Daten* ermöglichen. Register zeichnen „Merkmale[…] (Metainformationen) von Dokumenten, Vorgängen, Akten und Aktenbeständen“ auf.[29] Sie enthalten insbesondere Daten, die sich auf bestimmte Personen, Vereinigungen, Sachen und Rechtsverhältnisse beziehen. So enthalten das Melde-, das Ausländer- oder das Bundeszentralregister bestimmte Daten über natürliche Personen,[30] das Berufsregister für Steuerberater Daten über Steuerberater und Steuerberatungsgesellschaften,[31] das Vereinsregister Daten über nichtwirtschaftliche Vereine.[32] Im Vordergrund können auch Sachen stehen, die registerrechtlich erfasst werden.[33] Das gilt etwa für die Denkmalliste mit Eintragungen zu Bau- und Bodendenkmälern,[34] für die Straßenverzeichnisse auf Bundes-, Landes- und kommunaler Ebene[35] oder für die Liste jugendgefährdender Medien.[36] Häufig werden in Registern Rechtsverhältnisse im weitesten Sinne dokumentiert. So beinhaltet das Grundbuch Eintragungen über dingliche Rechte an Grundstücken,[37] die Handwerksrolle die Inhaber von Betrieben zulassungspflichtiger Handwerke[38] und das Waffenregister Angaben über waffenrechtliche Erlaubnisse und Erlaubnisinhaber.[39]

---

29 Vgl. § 3 Registraturrichtlinie (Richtlinie für das Bearbeiten und Verwalten von Schriftgut (Akten und Dokumenten) in Bundesministerien v. 11.7.2001).

30 Vgl. § 3 Abs. 1 BMG; § 3 Abs. 1 AZRG (Gesetz über das Ausländerzentralregister v. 2.9.1994, BGBl. I S. 2265); § 5 Abs. 1 Nr. 1 BZRG (Gesetz über das Zentralregister und das Erziehungsregister i. d. F. d. Bek. v. 21.9.1984, BGBl. I S. 1229, ber. 1985 I S. 195).

31 Vgl. § 46 Nr. 1 und 2 DVStB (Verordnung zur Durchführung der Vorschriften über Steuerberater, Steuerbevollmächtigte und Steuerberatungsgesellschaften v. 12.11.1979, BGBl. I S. 1922).

32 §§ 55 ff., 64 BGB (Bürgerliches Gesetzbuch i. d. F. d. Bek. v. 2.1.2002, BGBl. I S. 42, ber. S. 2909 und 2003 I S. 738).

33 Auch bei diesen Registern kann ein Bezug zu bestimmten Personen bzw. Rechtsträgern bestehen, wie z. B. bei der Liste jugendgefährdender Medien.

34 § 3 Abs. 1 S. 1 DSchG NRW; Art. 2 Abs. 1 S. 1 BayDSchG (Gesetz zum Schutz und zur Pflege der Denkmäler v. 25.6.1973, BayRS IV S. 354).

35 § 1 Abs. 5 FStrG (Bundesfernstraßengesetz i. d. F. d. Bek. v. 28.6.2007, BGBl. I S. 1206); § 6 BerlStrG (Berliner Straßengesetz v. 13.7.1999, GVBl. S. 380).

36 § 18 JuSchG (Jugendschutzgesetz v. 23.7.2002, BGBl. I S. 2730).

37 Vgl. § 3 Abs. 1 GBO (Grundbuchordnung i. d. F. d. Bek. v. 26.5.1994, BGBl. I S. 1114); s. auch *Bauer*, in: Bauer/Schaub (Hrsg.), GBO, 4. Aufl. 2018, AT A Rn. 2.

38 § 6 Abs. 1 HwO (Gesetz zur Ordnung des Handwerks i. d. F. d. Bek. v. 24.9.1998, BGBl. I S. 3074, ber. 2006 I S. 2095).

39 § 3 NWRG (Gesetz zur Errichtung eines Nationalen Waffenregisters v. 25.6.2012, BGBl. I S. 1366).

Register werden von einer oder mehreren Behörden geführt (*Registerbehörde*). Das Ausländerzentralregister wird beispielsweise vom Bundesamt für Migration und Flüchtlinge geführt.[40] Registerführende Stellen können auch Gerichte sein, wie im Falle des Handelsregisters oder des Grundbuchs.[41] Außerstaatliche Stellen, wie private Auskunfteien, sind keine Registerbehörden. Etwas anderes gilt, wenn Private qua Beleihung ermächtigt werden, Registeraufgaben wahrzunehmen.[42] Beispiele finden sich im Luftverkehrsgesetz[43] und im Landeskrebsregistergesetz NRW.[44] Nach dem zuletzt genannten Gesetz können juristische Person des Privatrechts mit der Errichtung des Landeskrebsregisters beauftragt werden.

Enthält ein *Gesetz* als Anlage oder Anhang bestimmte Angaben, Auflistungen oder Informationen,[45] handelt es sich nicht um ein Register im hier behandelten Sinne.[46] Denn die Anlagen oder Anhänge werden in einem parlamentarischen Rechtsetzungsverfahren verabschiedet, sind Bestandteile der Gesetze und für die Normadressaten rechtsverbindlich. Sie unterscheiden sich insoweit von den behördlich oder gerichtlich geführten Informationsbeständen, die keine Rechtssatzqualität haben.

Der Registerbegriff *setzt nicht voraus*, dass der Informationsbestand einem bestimmten Adressatenkreis, namentlich anderen Behörden bzw. Dritten, oder der Öffentlichkeit zugänglich sein muss. Register können auch der Erfüllung der Aufgaben der Registerbehörde dienen und behördeninterne Arbeitsabläufe effizient gestalten.[47] Ein Register liegt bereits vor, wenn die Registerbehörde auf die in ihm gespeicherten Daten über bestimmte Suchkriterien bzw. Suchmechanismen zugreifen kann. Beispiel

---

40 § 1 Abs. 1 S. 1 AZRG.

41 § 8 Abs. 1 HGB (Handelsgesetzbuch v. 10.5.1897, RGBl. S. 219); § 1 Abs. 1 S. 1 GBO.

42 Vgl. auch *Collin*, in: Schuppert/Voßkuhle (Hrsg.), Governance von und durch Wissen, 2008, S. 75 (81), der auf neue Formen privat-staatlicher Aufgabenerfüllung hinweist.

43 Vgl. § 64 Abs. 1 S. 1 und S. 2 Nr. 2 i. V. m. § 31c LuftVG (Luftverkehrsgesetz i. d. F. d. Bek. v. 10.5.2007, BGBl. I S. 698): Speicherung von Daten im Luftsportgeräteverzeichnis durch private Beauftragte.

44 § 4 Abs. 1 i. V. m. § 1 Abs. 1 LKRG NRW (Gesetz über die klinische und epidemiologische Krebsregistrierung im Land Nordrhein-Westfalen v. 2.2.2016, GV. NRW. S. 94).

45 Vgl. z. B. die Kriegswaffenliste nach § 1 Abs. 1 i. V. m. Anlage KrWaffG (Gesetz über die Kontrolle von Kriegswaffen i. d. F. d. Bek. v. 22.11.1990, BGBl. I S. 2506).

46 Vgl. auch *U. Schmidt-Aßmann*, Öffentliche Bücher und Register der Verwaltungsrechtsordnung, 1977, S. 9.

47 Vgl. *Collin*, in: Schuppert/Voßkuhle (Hrsg.), Governance von und durch Wissen, 2008, S. 75 (80).

hierfür ist das Passregister.[48] Das Passregister ist kein öffentliches Register, sondern dient der Ausstellung der Pässe, der Feststellung ihrer Echtheit, der Identitätsfeststellung der Passinhaber und der Durchführung des Passgesetzes,[49] also der Erledigung der Aufgaben der mit der Registerbehörde identischen Passbehörde.[50]

Liegen die erwähnten Begriffsmerkmale vor, lassen sich die Informationsträger dem Oberbegriff des „Registers" zuordnen, unabhängig davon, ob sie im Gesetz als „Bücher", „Verzeichnisse", „Listen" und dergleichen genannt werden.

2. *Abgrenzung*

Die Register im soeben beschriebenen Sinne sind abzugrenzen gegenüber anderen Informationsträgern, namentlich gegenüber Akten, Archiven und Informationssystemen.

Die Behörden sind aus rechtsstaatlichen Gründen verpflichtet, den Verfahrensgang aktenmäßig zu dokumentieren, um einen rechtsstaatlichen Verwaltungsvollzug und eine objektive gerichtliche Kontrolle zu ermöglichen.[51] Die *Akten* geben den jeweiligen Stand des Verfahrens wieder und sind zentrale „Speichereinheit[en]" des „administrativen Gedächtnisses".[52] Begrifflich versteht man unter Verfahrensakten sämtliche „zu einem konkreten Verwaltungsverfahren eingereichten oder objektiv auf dieses bezogenen Vorgänge".[53] Während die Verfahrensakte die gesammelten papiergebundenen und elektronischen Dokumente in einer Verwaltungsangelegenheit umfasst,[54] beinhalten Register in der Regel nur bestimmte Da-

---

48 Vgl. § 21 Abs. 1 PassG (Passgesetz v. 19.4.1986, BGBl. I S. 537) und Nr. 21.1.2 PassVwV (Allgemeine Verwaltungsvorschrift zur Durchführung des Passgesetzes v. 17.12.2009, GMBl. S. 1686).

49 § 21 Abs. 3 Nr. 1 – 3 PassG; Nr. 21.3 PassVwV.

50 Vgl. § 21 Abs. 1 PassG. Ein bundeseinheitliches zentrales Passregister existiert nicht, s. *Beimowski/Gawron*, Passgesetz/Personalausweisgesetz, 2018, § 21 PassG Rn. 1.

51 Vgl. *Engel*, in: Mann/Sennekamp/Uechtritz (Hrsg.), VwVfG, 2. Aufl. 2019, § 29 Rn. 36; *Ramsauer*, in: Kopp/Ramsauer, VwVfG, 19. Aufl. 2018, § 29 Rn. 12.

52 *Ladeur*, in: Hoffmann-Riem/Schmidt-Aßmann/Voßkuhle (Hrsg.), Grundlagen des Verwaltungsrechts, Bd. II, 2. Aufl. 2012, § 21 Rn. 7; *I. Augsberg*, Informationsverwaltungsrecht, 2014, S. 172 (Zitat).

53 *Ramsauer*, in: Kopp/Ramsauer, VwVfG, 19. Aufl. 2018, § 29 Rn. 12a.

54 *Kallerhoff/Mayen*, in: Stelkens/Bonk/Sachs, VwVfG, 9. Auflage 2018, § 29 Rn. 39.

ten.[55] So enthält z. B. das Register der Entscheidungen in Staatsangehörigkeitsangelegenheiten die Grundpersonalien des Betroffenen, den Rechtsgrund und den Tag des Erwerbs oder Verlusts der Staatsangehörigkeit und die Behörde, die die Entscheidung getroffen hat, nicht aber die gesamte Akte des jeweiligen Verfahrens.[56]

Im Unterschied zu Registern beinhalten staatliche *Archive* nur „Unterlagen von bleibendem Wert“, also Aufzeichnungen aller Art, denen wegen ihrer politischen, rechtlichen, wirtschaftlichen, sozialen oder kulturellen Inhalte insbesondere für die Erforschung und das Verständnis von Geschichte und Gegenwart besondere Bedeutung zukommt.[57] Während die in den Registern gesammelten Informationen im Rahmen der operativen Tätigkeit der Verwaltung Verwendung finden, werden den staatlichen Archiven nur solche Unterlagen angeboten, die die öffentlichen Stellen zur Erfüllung ihrer Aufgaben nicht mehr benötigen.[58] Archive haben demnach vor allem eine dokumentarische bzw. passive Speicherfunktion.[59]

Neben den Registern sehen das EU-Recht und das nationale Recht seit längerem die Errichtung von *„Informationssystemen“* vor.[60] Auf unionaler Ebene fungieren die Informationssysteme als Instrumente des grenzüberschreitenden Informationsaustauschs und dienen dem Ausgleich des Verlusts nationaler Verwaltungskompetenzen.[61] Bekannt ist namentlich das Schengener Informationssystem, das ein Fahndungssystem darstellt und insbesondere die Ausschreibung von Drittstaatsangehörigen zum Zwecke der Einreiseverweigerung ermöglicht.[62] Eine allgemein gültige Definition, was unter Informationssystemen zu verstehen ist, existiert allerdings noch

---

55 Vgl. *Collin*, in: Schuppert/Voßkuhle (Hrsg.), Governance von und durch Wissen, 2008, S. 75 (80 m. Fn. 7); s. auch *Kloepfer*, Informationsrecht, 2002, § 10 Rn. 90.

56 Vgl. § 33 Abs. 1 S. 1 und Abs. 2 StAG (Staatsangehörigkeitsgesetz v. 22.7.1913, RGBl. I S. 583).

57 Vgl. § 1 Nr. 2, 9 und 10 lit. a) aa) BArchG.

58 Vgl. § 5 Abs. 1 S. 1 Nr. 1 BArchG; *I. Augsberg*, Informationsverwaltungsrecht, 2014, S. 171.

59 *Schoch*, DV 39 (2006), 463 (464); *Ladeur*, in: Hoffmann-Riem/Schmidt-Aßmann/Voßkuhle (Hrsg.), Grundlagen des Verwaltungsrechts, Bd. II, 2. Aufl. 2012, § 21 Rn. 35.

60 Vgl. dazu *Heußner*, Informationssysteme im Europäischen Verwaltungsverbund, 2007; *Schneider*, NVwZ 2012, 65 ff.; *Holznagel*, in: Hoffmann-Riem/Schmidt-Aßmann/Voßkuhle (Hrsg.), Grundlagen des Verwaltungsrechts, Bd. II, 2. Aufl. 2012, § 24 Rn. 49 ff., der allerdings auch Register, Verzeichnisse usw. zu den Informationssystemen zählt; *Berger*, KommJur 2017, 169 (171 f.).

61 *Schneider*, NVwZ 2012, 65.

62 Vgl. Art. 2 Abs. 1 VO (EG) 1987/2006 (Verordnung (EG) Nr. 1987/2006 des Europäischen Parlaments und des Rates vom 20.12.2006 über die Einrichtung,

nicht.[63] Auch im nationalen Recht sind die Begriffe „Informationssystem“[64] oder „Informationsverbund“[65] in der Gesetzessprache mittlerweile geläufig. Sie sollen die behördliche Vernetzung und den Datenaustausch unter Inanspruchnahme der Informations- und Kommunikationstechnologie ermöglichen.[66] Klare Kriterien, die eine Abgrenzung zwischen Informationssystemen und Registern im tradierten Sinne ermöglichen würden, fehlen jedoch bislang. So dient das zentrale Informationssystem für die Finanzkontrolle Schwarzarbeit – wie andere interbehördliche Register auch – der bereichsspezifischen Datenspeicherung und Datenübermittlung.[67] Von den Registern im tradierten Sinne unterscheiden sich am ehesten diejenigen Informationssysteme, die verschiedene Datenbanken oder verschiedene Datentypen unterschiedlicher Verwaltungsebenen miteinander vernetzen.[68] In der nationalen Geodateninfrastruktur werden z. B. sog. Metadaten, Geodaten, Geodatendienste und Netzdienste[69] über ein elektronisches Netzwerk miteinander verknüpft und über ein Geoportal zugänglich gemacht.[70] Das Ziel der Geodateninfrastruktur besteht darin, Geodaten verschiedener Herkunft interoperabel verfügbar zu machen.[71] Diese komplexe Vernetzung unterscheidet die nationale Geodateninfrastruktur von den herkömmlichen Registern.

---

den Betrieb und die Nutzung des Schengener Informationssystems der zweiten Generation (SIS II), ABl. Nr. L 381 S. 4, ber. 2015 Nr. L 23 S. 19); s. dazu *Aden*, in: Lisken/Denninger, Handbuch des Polizeirechts, 6. Aufl. 2018, Abschn. N Rn. 205 ff.

63 Vgl. *Heußner*, Informationssysteme im Europäischen Verwaltungsverbund, 2007, S. 17; *Schneider*, NVwZ 2012, 65 (66); *Berger*, KommJur 2017, 169 (171) zum Begriff des „Verwaltungsinformationssystems“.

64 Vgl. etwa § 163 StrlSchG (Gesetz zum Schutz vor der schädlichen Wirkung ionisierender Strahlung v. 27.6.2017, BGBl. I S. 1966).

65 Vgl. etwa § 29 BKAG (Gesetz über das Bundeskriminalamt und die Zusammenarbeit des Bundes und der Länder in kriminalpolizeilichen Angelegenheiten v. 1.6.2017, BGBl. I S. 1354, ber. 2019 I S. 400).

66 Vgl. *Holznagel*, in: Hoffmann-Riem/Schmidt-Aßmann/Voßkuhle (Hrsg.), Grundlagen des Verwaltungsrechts, Bd. II, 2. Aufl. 2012, § 24 Rn. 49.

67 §§ 16 Abs. 1 und 2, 17 SchwarzArbG (Gesetz zur Bekämpfung der Schwarzarbeit und illegalen Beschäftigung v. 23.7.2004, BGBl. I S. 1842).

68 Vgl. *Berger*, KommJur 2017, 169 (171).

69 Vgl. zu den Begriffen § 3 Abs. 1, 2, 3 und 7 GeoZG (Gesetz über den Zugang zu digitalen Geodaten v. 10.2.2009, BGBl. I S. 278).

70 § 9 Abs. 1 und 2 GeoZG.

71 § 3 Abs. 5 GeoZG.

III. Registertypologie und Registerfunktionen

Prinzipiell haben Register eine zusammenfassende, bündelnde Funktion, indem sie einen einzelnen Vorgang in eine Reihe mit parallelen Vorgängen stellen und so dem Informationssuchenden einen Überblick verschaffen (*Systematisierungsfunktion*).[72] Weitere Funktionen ergeben sich aus der jeweiligen gesetzlichen Ausgestaltung der Register. Aus der Vielzahl der Register lassen sich bestimmte Registergrundtypen herausdestillieren. Grundsätzlich kann man zwischen Registern, die von den ordentlichen Gerichten, und solchen, die von den Verwaltungsbehörden geführt werden, unterscheiden.

1. Registerführung durch Gerichte

Eine Reihe von Registern wird von den Amtsgerichten geführt. Dazu gehören die sog. Rechtsträgerregister nach § 374 FamFG, wie beispielsweise das Handels- oder das Vereinsregister, darüber hinaus das Grundbuch und das Schiffsregister.[73] Diese Register haben eine *Informationsfunktion*.[74] Das Handelsregister hält beispielsweise die „offenzulegenden Informationen zu den zentralen Unternehmensdaten für den Rechtsverkehr bereit" und macht ihm diese zugänglich.[75] Jedermann hat das Recht, in die Rechtsträgerregister und in das Schiffsregister Einsicht zu nehmen.[76] Beim Grundbuch ist die Einsicht jedem gestattet, der ein berechtigtes Interesse darlegt.[77] Die genannten Register haben zudem eine *Schutz- und Vertrauens-*

---

72 *U. Schmidt-Aßmann*, Öffentliche Bücher und Register der Verwaltungsrechtsordnung, 1977, S. 178.

73 Vgl. zur Zuständigkeit der Amtsgerichte § 23a Abs. 1 S. 1 Nr. 2 und Abs. 2 Nr. 3, 8 und 10 GVG (Gerichtsverfassungsgesetz i. d. F. d. Bek. v. 9.5.1975, BGBl. I S. 1077); s. dazu *Zimmermann*, in: Münchener Kommentar zur ZPO, 5. Aufl. 2017, § 23a GVG Rn. 23.

74 Vgl. *Heinemann*, in: Keidel, FamFG, 19. Aufl. 2017, § 374 FamFG Rn. 3.

75 BGH, NJW 2015, 2116 Rn. 18; *Hopt*, in: Baumbach/Hopt, HGB, 38. Aufl. 2018, § 8 Rn. 1.

76 Vgl. zum Handelsregister § 9 Abs. 1 S. 1 HGB; zum Vereinsregister § 79 Abs. 1 S. 1 BGB; zum Schiffsregister § 8 Abs. 1 S. 1 SchRegO (Schiffsregisterordnung i. d. F. d. Bek. v. 26.5.1994, BGBl. I S. 1133). Bei der Einsicht in die Schiffsregisterakten muss ein berechtigtes Interesse glaubhaft gemacht werden, s. § 8 Abs. 2 S. 1 Hs. 1 SchRegO.

77 § 12 Abs. 1 S. 1 GBO.

funktion.[78] So dient das Handelsregister der Sicherheit und Leichtigkeit des Rechtsverkehrs und entfaltet eine negative und positive Publizitätswirkung.[79] Das Grundbuch ermöglicht im Interesse des redlichen Rechtsverkehrs einen gutgläubigen Erwerb von Grundstücksrechten entsprechend der Registerlage.[80] Ähnliches gilt für das Schiffsregister.[81] Die Schutz- und Vertrauensfunktion wird durch die *Prüfungs- und Kontrollfunktion* der Register ergänzt.[82] Bei den Rechtsträgerregistern werden die Anträge und Anmeldungen nicht unbesehen eingetragen, sondern in bestimmtem Umfang auch inhaltlich geprüft.[83] Das Grundbuchverfahren ist durch eine enge Bindung an die gesetzlichen Eintragungsvoraussetzungen gekennzeichnet (sog. Legalitätsprinzip) und beinhaltet bestimmte Prüfungspflichten durch das Grundbuchamt.[84] Im Falle einer dem materiellen Recht widersprechenden Grundbucheintragung hat der Rechtsinhaber zudem einen Berichtigungsanspruch.[85]

2. *Registerführung durch Verwaltungsbehörden*

Die Mehrzahl der bestehenden Register wird von den Verwaltungsbehörden geführt. Im Einzelnen gibt es mehrere Regelungsmodelle für die Registerführung, insbesondere die Führung durch eine zentrale Registerbehörde, durch mehrere dezentrale Registerbehörden oder durch eine zentrale und mehrere dezentrale Behörden.[86] Beispiel für die zuerst genannte Variante ist das Bundesamt für Justiz als zentrale Registerbehörde für das

78 Vgl. *Krafka*, Einführung in das Registerrecht, 2. Aufl. 2008, Rn. 21; *Heinemann*, in: Keidel, FamFG, 19. Aufl. 2017, § 374 FamFG Rn. 3.

79 Vgl. § 15 Abs. 1 und 3 HGB; s. ferner *Hopt*, in: Baumbach/Hopt, HGB, 38. Aufl. 2018, § 15 Rn. 1; *Krebs*, in: Münchener Kommentar zum HGB, 4. Aufl. 2016, § 15 Rn. 5.

80 Vgl. § 892 Abs. 1 BGB; s. dazu *Kohler*, in: Münchener Kommentar zum BGB, 7. Aufl. 2017, § 892 Rn. 1.

81 § 16 Abs. 1 SchiffRG (Gesetz über Rechte an eingetragenen Schiffen und Schiffsbauwerken v. 15.11.1940, RGBl. I S. 1499).

82 *Heinemann*, in: Keidel, FamFG, 19. Aufl. 2017, § 374 FamFG Rn. 4; *Krafka*, Registerrecht, 11. Aufl. 2019, Rn. 4.

83 *Heinemann*, in: Keidel, FamFG, 19. Aufl. 2017, § 374 FamFG Rn. 4, 50 ff., 56 ff.

84 Vgl. BGHZ 35, 135 (139); *Bauer*, in: Bauer/Schaub (Hrsg.), GBO, 4. Aufl. 2018, AT A Rn. 25 ff.; s. auch § 19 GBO.

85 § 894 BGB; s. dazu *Kohler*, in: Münchener Kommentar zum BGB, 7. Aufl. 2017, § 894 Rn. 1.

86 Vgl. auch *Berger*, KommJur 2017, 169 (170); *Collin*, in: Schuppert/Voßkuhle (Hrsg.), Governance von und durch Wissen, 2008, S. 75 (80 f.).

Gewerbe- und das Bundeszentralregister.[87] Das Bundesamt für Justiz erhebt hierbei die relevanten Daten allerdings nicht selbst. Ihm werden die Daten durch Behörden oder Gerichte mitgeteilt.[88] Im Bereich des Pass- und Meldewesens gibt es mehrere dezentrale Registerbehörden in Gestalt der Pass- und Meldebehörden, die die Daten prinzipiell selbst erheben.[89] Auf dem Gebiet der Fahrzeugzulassung werden die örtlichen Fahrzeugregister durch die Zulassungsbehörden, das Zentrale Fahrzeugregister wird durch das Kraftfahrt-Bundesamt geführt.[90]

Die Funktionen der von den Verwaltungsbehörden geführten Register ergeben sich aus den jeweiligen registerrechtlichen Grundlagen. So dienen die in den Luftfahrzeugregistern gespeicherten Daten der Überwachung der Verkehrssicherheit der in ihnen erfassten Luftfahrzeuge. Zudem sollen Auskünfte über die Eigentümer bzw. Halter von Luftfahrzeugen und Luftfahrzeugdaten erteilt werden können.[91] Das Standortregister nach dem Gentechnikgesetz[92] dient der Überwachung etwaiger Auswirkungen von gentechnisch veränderten Organismen auf bestimmte Rechtsgüter und der Information der Öffentlichkeit.[93] Diese und andere Bespiele zeigen, dass auch bei den von den Verwaltungsbehörden geführten Registern die *Informationsfunktion* im Vordergrund steht. Die Register fungieren primär als eine Informationssammlung zur Erfüllung der Aufgaben der zuständigen (Register-)Behörden[94] oder ermöglichen die Auskunftserteilung an andere

87 § 149 Abs. 1 GewO (Gewerbeordnung i. d. F. d. Bek. v. 22.2.1999, BGBl. I S. 202); § 1 Abs. 1 BZRG.

88 § 153a Abs. 1 S. 1 GewO; § 20 Abs. 1 S. 1 BZRG i. V. m. § 1 Abs. 1 BZRGVwV (Allgemeine Verwaltungsvorschrift zur Durchführung des Bundeszentralregistergesetzes v. 16.12.2008, BAnz. Nr. 194, S. 4612); s. auch *Ennuschat*, in: Tettinger/Wank/Ennuschat, GewO, 8. Aufl. 2011, § 153a Rn. 1; *Collin*, in: Schuppert/Voßkuhle (Hrsg.), Governance von und durch Wissen, 2008, S. 75 (81).

89 §§ 21 Abs. 1, 22 Abs. 1 PassG; §§ 2 Abs. 2, 3 Abs. 1 BMG.

90 § 31 Abs. 1 und 2 StVG; s. auch § 48 Abs. 1 und 2 StVG zu den Fahrerlaubnisregistern.

91 § 64 Abs. 2 S. 1 und S. 2 Nr. 1 und 3 LuftVG; s. ferner § 1 Abs. 1 NWRG zum Nationalen Waffenregister; § 24 Abs. 2 HundeG Hmb zum zentralen Register zur Erfassung der in Hamburg gehaltenen Hunde.

92 Gesetz zur Regelung der Gentechnik i. d. F. d. Bek. v. 16.12.1993, BGBl. I S. 2066.

93 § 16a Abs. 1 S. 1 GenTG; s. dazu BVerfGE 128, 1 (48 ff.).

94 Die Meldebehörden führen z. B. zur Erfüllung ihrer Aufgaben Melderegister, § 2 Abs. 1 S. 1 BMG. Das Passregister dient insbesondere der Ausstellung der Pässe und der Feststellung ihrer Echtheit, § 21 Abs. 3 Nr. 1 PassG.

Behörden und Gerichte.[95] Zum Teil wird auch Personen,[96] Einrichtungen[97] oder der Öffentlichkeit[98] Zugang zu den in den Registern gespeicherten Informationen gewährt. Die Register können zudem auch eine *Nachweisfunktion* in behördlichen oder gerichtlichen Verfahren haben, also bestimmte Umstände oder Vorgänge rechtssicher dokumentieren.[99] Durch Melderegister sollen z. B. die Identität der registrierten Personen und deren jeweilige Wohnungen festgestellt und nachgewiesen werden können.[100] Die Personenstandsregister dokumentieren „vor die Klammer gezogene Information[en]", wie diejenigen über die Geburt oder die Eheschließung,[101] die in anderen Verwaltungsangelegenheiten, wie z. B. in Steuer- oder beamtenrechtlichen Angelegenheiten, herangezogen werden können.[102] Eine Schutz- und Vertrauensfunktion für den allgemeinen Rechtsverkehr, die namentlich den Rechtsträgerregistern zukommt, haben die verwaltungsbehördlichen Register mangels spezialgesetzlicher Anordnung in der Regel nicht.[103]

Die Eintragung in ein Register kann im Einzelfall schließlich auch die Qualität eines *Verwaltungsakts* haben, wenn durch die Eintragung eine Rechtsfolge verbindlich herbeigeführt wird.[104] Die Eintragung in eine Denkmalliste oder ein Straßenbestandsverzeichnis sind z. B. Verwaltungs-

---

95 Vgl. z. B. § 150a Abs. 1 und 2 GewO.

96 Vgl. z. B. § 44 Abs. 1 und Abs. 3 S. 1 BMG zur einfachen Melderegisterauskunft.

97 Vgl. z. B. § 150b Abs. 1 GewO zur Auskunft gegenüber wissenschaftlichen Einrichtungen.

98 Vgl. z. B. § 31 Abs. 2 S. 1 BRAO (Bundesrechtsanwaltsordnung v. 1.8.1959, BGBl. I S. 565) zu den Verzeichnissen der Rechtsanwaltskammern; § 3 Abs. 5 S. 1 DSchG NRW zur Denkmalliste in Nordrhein-Westfalen hinsichtlich der Eintragung bestimmter Denkmäler.

99 Vgl. *Berger*, KommJur 2017, 169 (170).

100 Vgl. § 2 Abs. 1 BMG.

101 Vgl. §§ 1 Abs. 1 S. 2, 15 Abs. 1, 21 Abs. 1 PStG (Personenstandsgesetz v. 19.2.2007, BGBl. I S. 122).

102 Vgl. *Ladeur*, in: Hoffmann-Riem/Schmidt-Aßmann/Voßkuhle (Hrsg.), Grundlagen des Verwaltungsrechts, Bd. II, 2. Aufl. 2012, § 21 Rn. 30.

103 Vgl. *U. Schmidt-Aßmann*, Öffentliche Bücher und Register der Verwaltungsrechtsordnung, 1977, S. 185 f.; s. allerdings § 54 Abs. 1 S. 1 PStG, wonach bestimmte Beurkundungen in den Personenstandsregistern Beweiskraft haben.

104 *U. Stelkens*, in: Stelkens/Bonk/Sachs, VwVfG, 9. Aufl. 2018, § 35 Rn. 87; *Ramsauer*, in: Kopp/Ramsauer, VwVfG, 19. Aufl. 2018, § 35 Rn. 102.

akte, wenn sie nach dem jeweiligen Landesrecht für die Denkmaleigenschaft oder die Eigenschaft einer öffentlichen Straße konstitutiv sind.[105]

IV. *Vorgaben des höherrangigen Rechts für das Registerwesen*

Für das Registerwesen sind nicht nur die bereichsspezifischen Regelungen des nationalen Rechts von Relevanz, sondern auch die Direktiven des höherrangigen Rechts, namentlich des EU-Sekundärrechts und des Grundgesetzes. Diese sollen nachfolgend skizziert werden.

1. *Vorgaben des EU-Sekundärrechts*

Das Registerwesen ist seit längerem dem Einfluss des Unionsrechts und europäischen Harmonisierungstendenzen ausgesetzt.[106] Dabei geht es erstens um das Richtlinienrecht der EU, das von den Mitgliedstaaten umzusetzen ist. Zu erwähnen ist die sog. Gesellschaftsrechts-Richtlinie, die die Einrichtung von Zentral-, Handels- und Gesellschaftsrechtsregistern in den Mitgliedstaaten vorsieht und gleichzeitig ein System der Registervernetzung auf europäischer Ebene etabliert.[107] Zu nennen ist ferner die sog. Geldwäsche-Richtlinie, die verhindern will, dass das EU-Finanzsystem zur Geldwäsche und Terrorismusfinanzierung ausgenutzt wird.[108] Die Mitgliedstaaten sollen dementsprechend dafür sorgen, dass die in ihrem Gebiet eingetragenen Gesellschaften Informationen über die sog. wirtschaftli-

---

105 Vgl. *Windoffer*, in: Mann/Sennekamp/Uechtritz (Hrsg.), VwVfG, 2. Aufl. 2019, § 35 Rn. 83; *Ramsauer*, in: Kopp/Ramsauer, VwVfG, 19. Aufl. 2018, § 35 Rn. 103 jeweils m. w. N.

106 Vgl. *Krafka*, Registerrecht, 11. Aufl. 2019, Rn. 6 mit Blick auf das Handelsregisterwesen.

107 Art. 16 Abs. 1 und 22 Abs. 1 und 2 Richtlinie (EU) 2017/1132 des Europäischen Parlaments und des Rates vom 14.6.2017 über bestimmte Aspekte des Gesellschaftsrechts, ABl. Nr. L 169 S. 46. S. zum Europäischen Justizportal § 9b Abs. 1 HGB.

108 Art. 1 Abs. 1 Richtlinie (EU) 2015/849 des Europäischen Parlaments und des Rates vom 20.5.2015 zur Verhinderung der Nutzung des Finanzsystems zum Zwecke der Geldwäsche und der Terrorismusfinanzierung, zur Änderung der Verordnung (EU) Nr. 648/2012 des Europäischen Parlaments und des Rates und zur Aufhebung der Richtlinie 2005/60/EG des Europäischen Parlaments und des Rates und der Richtlinie 2006/70/EG der Kommission, ABl. Nr. L 141 S. 73.

chen Eigentümer[109] einholen und diese Informationen in einem zentralen Register aufbewahrt werden.[110] In der Bundesrepublik ist zur Richtlinienumsetzung das sog. Transparenzregister eingerichtet worden.[111]

Zweitens enthält auch die Datenschutz-Grundverordnung (DSGVO)[112] in ihrem Anwendungsbereich Vorgaben für das Registerwesen. Die DSGVO ist insbesondere einschlägig bei der automatisierten Verarbeitung personenbezogener Daten im Rahmen einer Tätigkeit, die in den Anwendungsbereich des Unionsrechts fällt.[113] „Personenbezogene Daten" sind nach Art. 4 Nr. 1 DSGVO alle Informationen, die sich auf eine identifizierte oder identifizierbare natürliche Person beziehen. Der Begriff der „Verarbeitung" bezeichnet jeden Vorgang im Zusammenhang mit personenbezogenen Daten. Dazu gehören zahlreiche – für das Registerwesen typische – Vorgänge, wie die Erhebung, Ordnung, Speicherung, Veränderung oder Übermittlung von personenbezogenen Daten.[114]

Nach Art. 6 Abs. 1 DSGVO ist die Verarbeitung personenbezogener Daten nur rechtmäßig, wenn einer der in dieser Vorschrift genannten Erlaubnistatbestände vorliegt. Die Verarbeitung ist insbesondere rechtmäßig, wenn sie zur Erfüllung einer rechtlichen Verpflichtung erforderlich ist, der der Verantwortliche[115] unterliegt,[116] oder sie für die Wahrnehmung einer Aufgabe erforderlich ist, die im öffentlichen Interesse liegt[117].[118] In beiden

---

109 Vgl. zum Begriff des „wirtschaftlichen Eigentümers" Art. 3 Nr. 6 Geldwäsche-RL 2015.

110 Art. 30 Abs. 1 und Abs. 3 S. 1 Geldwäsche-RL 2015.

111 §§ 18 ff. GwG (Gesetz über das Aufspüren von Gewinnen aus schweren Straftaten v. 23.6.2017, BGBl. I S. 1822). S. zum Transparenzregister *R. P. Schenke/Teichmann*, ZIP 2019, 1260 ff.

112 Verordnung (EU) 2016/679 des Europäischen Parlaments und des Rates vom 27.4.2016 zum Schutz natürlicher Personen bei der Verarbeitung personenbezogener Daten, zum freien Datenverkehr und zur Aufhebung der Richtlinie 95/46/EG, ABl. L 119 S. 1, ber. ABl. L 314 S. 72 und ABl. 2018 L 127 S. 2.

113 Art. 2 Abs. 1 und Abs. 2 lit. a) DSGVO; s. dazu *Roßnagel*, in: Simitis/Hornung/Spiecker genannt Döhmann (Hrsg.), Datenschutzrecht, 2019, Art. 2 Rn. 13 ff., 20.

114 Art. 4 Nr. 2 DSGVO.

115 „Verantwortlicher" ist nach Art. 4 Nr. 7 DSGVO die natürliche oder juristische Person, Behörde, Einrichtung oder andere Stelle, die allein oder gemeinsam mit anderen über die Zwecke und Mittel der Verarbeitung von personenbezogenen Daten entscheidet.

116 Art. 6 Abs. 1 UAbs. 1 lit. c) DSGVO.

117 Art. 6 Abs. 1 UAbs. 1 lit. e) Var. 1 DSGVO.

118 Beide Erlaubnistatbestände können auch gleichzeitig vorliegen, s. *Ph. Reimer*, in: Sydow (Hrsg.), Europäische Datenschutzgrundverordnung, 2. Aufl. 2018, Art. 6 Rn. 8.

Fällen ist nach Art. 6 Abs. 3 S. 1 DSGVO eine besondere Rechtsgrundlage für die Verarbeitung erforderlich. Diese muss im EU-Recht oder im nationalen Recht liegen, den Zweck der Verarbeitung festlegen, ein im öffentlichen Interesse liegendes Ziel verfolgen und verhältnismäßig sein.[119]

Auch registerrechtliche Vorschriften müssen den Anforderungen der DSGVO genügen, wenn diese einschlägig ist. Wie erwähnt, muss es sich hierbei insbesondere um eine Tätigkeit handeln, die in den Anwendungsbereich des EU-Rechts fällt.[120] Ob hierfür die jeweilige Datenverarbeitung einen grenzüberschreitenden Bezug aufweisen muss[121] oder ob die Verarbeitung bei abstrakter Betrachtung lediglich einen Bezug zum EU-Recht haben muss,[122] ist umstritten. Bei weiter Auslegung dürften auch die Erhebung, Speicherung und Übermittlung von Daten durch die Registerbehörden in den Anwendungsbereich der DSGVO fallen. Die Verarbeitung der Daten ist in diesen Fällen meist zur Erfüllung einer rechtlichen Verpflichtung der Registerbehörde erforderlich, da der Registerbehörde die Pflicht zur Registerführung gesetzlich auferlegt ist.[123] Die Rechtsgrundlage für die Registerführung findet sich, wie gesehen, in der Regel im deutschen Recht. Aus der Rechtsgrundlage muss sich ergeben, welchen Zweck die Registerführung und Datenverarbeitung verfolgen[124] und welche Modalitäten für die Datenverarbeitung gelten.[125] Die Datenverarbeitung muss verhältnismäßig sein, wenn sie den Anforderungen der DSGVO genügen soll.[126] Da die DSGVO vor dem nationalen Recht Anwendungsvorrang hat, sind entgegenstehende registerrechtliche Bestimmungen des deutschen Rechts unanwendbar.[127]

---

119 Art. 6 Abs. 3 S. 1 und 4 DSGVO; s. dazu *Ph. Reimer*, in: Sydow (Hrsg.), Europäische Datenschutzgrundverordnung, 2. Aufl. 2018, Art. 6 Rn. 24 und 45.

120 S. Art. 2 Abs. 2 lit. a) DSGVO.

121 So *Roßnagel*, in: Simitis/Hornung/Spiecker genannt Döhmann (Hrsg.), Datenschutzrecht, 2019, Art. 2 Rn. 21.

122 So *Bäcker*, in: Wolff/Brink (Hrsg.), BeckOK Datenschutzrecht, Art. 2 (2019) Rn. 7; ähnlich *Sydow*, in: Sydow (Hrsg.), Europäische Datenschutzgrundverordnung, 2. Aufl. 2018, Einl. Rn. 53.

123 Vgl. *Ph. Reimer*, DÖV 2018, 881 (887).

124 Vgl. etwa § 32 Abs. 1 StVG: Zweckbestimmung für die Führung der Fahrzeugregister.

125 S. zu spezifischen Bestimmungen, die die Mitgliedstaaten erlassen können, Art. 6 Abs. 3 S. 3 DSGVO.

126 Art. 6 Abs. 3 S. 4 DSGVO.

127 Vgl. dazu allgemein *Sydow*, in: Sydow (Hrsg.), Europäische Datenschutzgrundverordnung, 2. Aufl. 2018, Einl. Rn. 36 ff.; *Hornung/Spiecker genannt Döhmann*, in: Simitis/Hornung/Spiecker genannt Döhmann (Hrsg.), Datenschutzrecht, 2019, Einleitung Rn. 264 ff.

2. Vorgaben des Grundgesetzes

a) Gesetzgebungskompetenz

Weitere Vorgaben für das Registerwesen folgen aus dem Grundgesetz. Sieht der Normgeber in einem bestimmen Bereich die Errichtung eines Registers vor, muss er hierfür die erforderliche Gesetzgebungskompetenz nachweisen können. Während das Grundgesetz etwa für das Statistikrecht[128] einen ausdrücklichen Kompetenztitel enthält, fehlen explizite Bestimmungen im Bereich des Registerrechts. Allerdings umfassen Art. 73 und 74 GG zahlreiche Sach- bzw. Rechtsbereiche, die für das Registerwesen von Relevanz sind. So hat der Bund die ausschließliche Gesetzgebungskompetenz für die Staatsangehörigkeit, das Passwesen, das Meldewesen, den Luftverkehr oder das Waffenrecht.[129] Er hat ferner die konkurrierende Gesetzgebungskompetenz für das bürgerliche Recht, das Strafrecht, das gerichtliche Verfahren, das Personenstandswesen, das Recht der Wirtschaft, den Straßenverkehr oder die Gentechnologie.[130] Diese Kompetenztitel ermöglichen prinzipiell auch die Errichtung von Registern in dem jeweiligen Bereich. So hat das Bundesverfassungsgericht den Kompetenztitel des Bundes für die Gentechnologie nach Art. 74 Abs. 1 Nr. 26 Var. 2 GG weit ausgelegt und darunter die Kompetenz für die Errichtung des Standortregisters nach § 16a GenTG gefasst, das die Überwachung etwaiger Auswirkungen von gentechnisch veränderten Organismen ermöglicht.[131] Hierbei bemüht das Gericht das Argument der rechtlichen und funktionalen Einbettung des § 16a GenTG in die übrigen Bestimmungen des Gentechnikrechts.[132] Das Bundesverfassungsgericht hat ferner aus der Kompetenz für das Meldewesen die Zuständigkeit des Bundesgesetzgebers für Regelungen über den Melderegisterabgleich hergeleitet.[133] In Übereinstimmung mit dieser Rechtsprechung lässt sich auch in anderen Fällen die jeweilige Gesetzgebungskompetenz bestimmen: Das Bundesverwaltungsgericht leitete beispielsweise die Kompetenz des Bundes für das Strafregisterrecht im Bundeszentralregistergesetz aus der Bestimmung des Art. 74 Abs. 1 Nr. 1

---

128 Art. 73 Abs. 1 Nr. 11 GG (Grundgesetz für die Bundesrepublik Deutschland v. 23.5.1949, BGBl. S. 1): Ausschließliche Gesetzgebungskompetenz des Bundes für „die Statistik für Bundeszwecke“.

129 Art. 73 Abs. 1 Nr. 2, 3, 6 und 12 GG.

130 Art. 74 Abs. 1 Nr. 1, 2, 11, 22 und 26 GG.

131 BVerfGE 128, 1 (33 f.).

132 BVerfGE 128, 1 (34).

133 BVerfGE 65, 1 (63).

GG her, der zufolge der Bund die Kompetenz für das Strafrecht und das gerichtliche Verfahren hat.[134] Der Bundesgesetzgeber stützt seine Zuständigkeit für Regelungen über die Speicherung bestimmter Daten im Zentralen Fahrzeugregister auf den Kompetenztitel „Straßenverkehr“ in Art. 74 Abs. 1 Nr. 22 GG.[135] Die Gesetzgebungskompetenz des Bundes für das Gewerbezentralregister folgt insbesondere aus Art. 74 Nr. 1 und 11 GG („Strafrecht“, „gerichtliches Verfahren“ und „Recht der Wirtschaft“).[136]

Soweit das Grundgesetz dem Bund keine Gesetzgebungsbefugnis zuweist, sind die Länder gesetzgebungskompetent (Art. 70 Abs. 1 GG). Haben die Länder die Gesetzgebungskompetenz für ein Rechtsgebiet, können sie hierbei prinzipiell auch registerrechtliche Regelungen treffen. So erfasst die Gesetzgebungskompetenz der Länder weite Bereiche des Denkmalschutzes.[137] Die Länder haben von dieser Gesetzgebungsbefugnis Gebrauch gemacht und in ihren Denkmalschutzgesetzen die Errichtung und Führung von Denkmallisten vorgesehen.[138]

b) Zuständigkeit der Registerbehörden und -gerichte

Nach dem Grundgesetz führen die Länder die Bundesgesetze prinzipiell als eigene Angelegenheit aus (s. Art. 83 GG). Sie regeln dabei grundsätzlich die Einrichtung der Behörden und das Verwaltungsverfahren (s. Art. 84 Abs. 1 S. 1 GG).[139] Diese Grundsätze gelten auch für die registerrechtlichen Bestimmungen des Bundes. Im dezentralen Registermodell regelt der Bund den Zweck der Registerführung, die Aufgaben der Registerbehörde und weitere registerbezogene Modalitäten, wie etwa die Erhebung und Verarbeitung von in das Register einzuspeisenden Daten. Welche Behörde für die Registerführung konkret zuständig ist, regeln die Länder. So füh-

---

134 BVerwGE 54, 81 (90); s. auch *Degenhart*, in: Sachs (Hrsg.), GG, 8. Aufl. 2018, Art. 74 Rn. 26; *Tolzmann*, in: Roßnagel (Hrsg.), Handbuch Datenschutzrecht, 2003, Abschn. 8.6 Rn. 28.

135 Entwurf eines Sechsten Gesetzes zur Änderung des Straßenverkehrsgesetzes und anderer Gesetze, BT-Drs. 18/8559, S. 14.

136 Vgl. Entwurf eines Siebten Gesetzes zur Änderung des Bundeszentralregistergesetzes (7. BZRGÄndG), BT-Drs. 18/11933, S. 18; *Schönleiter*, in: Landmann/Rohmer, GewO, Vorbemerkung zu Titel XI. Gewerbezentralregister (§§ 149 bis 153b) Rn. 1 (Stand: 2017).

137 Vgl. *Guckelberger*, NVwZ 2016, 17 (18) m. w. N.

138 S. Nachweise in Fußn. 34.

139 Zu den Befugnissen des Bundes- und Landesgesetzgebers, jeweils abweichende Regelungen zu treffen, s. Art. 84 Abs. 1 S. 2, 5 und 6 GG.

ren nach § 21 Abs. 1 PassG die Passbehörden die Passregister. Die zuständigen Passbehörden im Inland werden, wie § 19 Abs. 1 S. 1 PassG klarstellt, durch die Länder bestimmt. Diese sind nach dem einschlägigen Landesrecht meist die Gemeinden bzw. die örtlichen Ordnungsbehörden.[140] Haben die Länder die Gesetzgebungskompetenz auf einem bestimmen Gebiet des Registerwesens, bestimmen sie ohnehin selbst die zuständigen Registerbehörden.[141]

Errichtet der Gesetzgeber auf Bundesebene eine zentrale Registerbehörde, kommt als Rechtsgrundlage Art. 87 Abs. 3 S. 1 GG in Betracht. Nach dieser Vorschrift können für Angelegenheiten, für die dem Bund die Gesetzgebung zusteht, selbständige Bundesoberbehörden und neue bundesunmittelbare Körperschaften und Anstalten des öffentlichen Rechts durch Bundesgesetz errichtet werden. Die Vorschrift stellt eine Variante der fakultativen Bundesverwaltung dar und ist eine Ausnahmebestimmung zu der in Art. 83 GG verankerten prinzipiellen Trennung der Gesetzgebungs- und Verwaltungskompetenzen im föderativen System der Bundesrepublik.[142] Um das Trennungsmodell nicht durch die generalklauselartige Bestimmung in Art. 87 Abs. 3 S. 1 GG zu Lasten der Länder auszuhöhlen, wird die Vorschrift einschränkend ausgelegt.[143] Nach der Rechtsprechung des Bundesverfassungsgerichts können selbständige Bundesoberbehörden „nur für Aufgaben errichtet werden [...], die der Sache nach für das ganze Bundesgebiet von einer Oberbehörde ohne Mittel- und Unterbau und ohne Inanspruchnahme von Verwaltungsbehörden der Länder – außer für reine Amtshilfe – wahrgenommen werden können."[144] Damit ziehe Art. 87 Abs. 3 S. 1 GG, so das Gericht weiter, „der Begründung einer Verwaltungszuständigkeit durch den Bund auch insofern eine Grenze, als nur

---

140 Vgl. etwa Art. 1 Abs. 1 BayAGPaßPAuswG (Gesetz zur Ausführung des Paßgesetzes und des Personalausweisgesetzes v. 7.5.2013, GVBl S. 249); § 48 Abs. 1 NRWOBG (Gesetz über Aufbau und Befugnisse der Ordnungsbehörden i. d. F. d. Bek. v. 13.5.1980, GV. NRW. S. 528); § 1 SaarlPassGZVO (Verordnung über Zuständigkeiten nach dem Passgesetz und dem Personalausweisgesetz v. 2.11.2010, Amtsbl. I S. 1387).

141 Vgl. etwa zur Denkmalliste § 3 Abs. 2 S. 1 DSchG NRW: Zuständigkeit der Unteren Denkmalbehörde; Art. 2 Abs. 1 S. 2 BayDSchG: Zuständigkeit des Landesamtes für Denkmalpflege im Benehmen mit der Gemeinde.

142 Vgl. *Hermes*, in: Dreier (Hrsg.), GG, Bd. III, 3. Aufl. 2018, Art. 87 Rn. 65 f.; *Ibler*, in: Maunz/Dürig, GG, Art. 87 Rn. 226 (Stand: 2012).

143 Vgl. *Burgi*, in: v. Mangoldt/Klein/Starck, GG, Bd. III, 7. Aufl. 2018, Art. 87 Rn. 89 und 98.

144 BVerfGE 14, 197 (211) (Zitat); 110, 33 (49); BVerfG NVwZ 2009, 171 (174).

bestimmte Sachaufgaben zur zentralen Erledigung geeignet" seien.[145] Welche Sachaufgaben tatsächlich zur zentralen Erledigung geeignet sind, ist nicht abschließend geklärt.[146] Die beabsichtigte Begrenzungswirkung hat die erwähnte verfassungsgerichtliche Rechtsprechung daher kaum entfaltet. Vielmehr hat der Bund in den vergangenen Jahrzehnten – nicht zuletzt unter Berufung auf Art. 87 Abs. 3 S. 1 GG – eine Vielzahl von Bundesoberbehörden geschaffen, darunter auch zentrale Registerbehörden.[147] Dazu gehört etwa das Bundesamt für Justiz, das als Bundesoberbehörde – gestützt auf Art. 87 Abs. 3 S. 1 GG i. V. m. Art. 74 Abs. 1 Nr. 1 GG[148] – errichtet worden ist und Aufgaben des Bundes auf dem Gebiet des Registerwesens wahrnimmt.[149] Nimmt man das in Art. 83 GG vorgesehene Trennungsmodell ernst und stellt man die zunehmende Digitalisierung des Registerwesens in Rechnung, ist die Errichtung zentraler Bundesregisterbehörden rechtfertigungsbedürftig. Denn auch in Bereichen, in denen keine zentralen Registerbehörden bestehen, ist die Möglichkeit des Datenaustauschs durch Datenübermittlung und automatische Datenabfrage gegeben.[150] Insgesamt streitet die Kompetenzordnung des Grundgesetzes eher für das dezentrale Registermodell.

Soweit der Gesetzgeber die Zuständigkeit der Amtsgerichte als Registergerichte festgelegt hat, kann er sich auf Art. 74 Abs. 1 Nr. 1 GG berufen. Nach dieser Vorschrift hat der Bund die Zuständigkeit für die „Gerichtsverfassung". Darunter fallen die Bildung und Organisation der Gerichte, ihre Besetzung und die Aufgaben- bzw. Zuständigkeitsverteilung zwischen den Gerichten.[151] Hieran anknüpfend hat der Gesetzgeber im Gerichtsverfassungsgesetz die Zuständigkeit der Amtsgerichte in den Angelegenheiten der freiwilligen Gerichtsbarkeit statuiert und zu diesen Angelegenheiten die Registersachen nach dem FamFG, die Grundbuchsachen und Schiffsre-

---

145 BVerfGE 110, 33 (49).

146 Vgl. *Burgi*, in: v. Mangoldt/Klein/Starck, GG, Bd. III, 7. Aufl. 2018, Art. 87 Rn. 98.

147 Vgl. *Hermes*, in: Dreier (Hrsg.), GG, Bd. III, 3. Aufl. 2018, Art. 87 Rn. 90 f. m. w. N.

148 Entwurf eines Gesetzes zur Errichtung und zur Regelung der Aufgaben des Bundesamts für Justiz, BT-Drs. 16/1827, S. 11.

149 Vgl. §§ 1 Abs. 1 S. 1, 2 Abs. 1 BfJG (Gesetz über die Errichtung des Bundesamts für Justiz v. 17.12.2006, BGBl. I S. 3171).

150 Vgl. zum Passregister §§ 22 Abs. 2, 22a Abs. 1 und 2 PassG; s. ferner *Hermes*, in: Dreier (Hrsg.), GG, Bd. III, 3. Aufl. 2018, Art. 87 Rn. 91.

151 *Degenhart*, in: Sachs (Hrsg.), GG, 8. Aufl. 2018, Art. 74 Rn. 22; *Oeter*, in: v. Mangoldt/Klein/Starck, GG, Bd. II, 7. Aufl. 2018, Art. 74 Rn. 22.

gistersachen gezählt.[152] Funktionell werden die Geschäfte in Registersachen im Schwerpunkt den Rechtspflegern übertragen.[153] Die Übertragung der Registerführung an die Amtsgerichte wird im zivilrechtlichen Schrifttum begrüßt und betont, dass dadurch „die mit Publizitätswirkung und Vertrauensschutz ausgestatteten Register des Privatrechts in der Hand von unabhängigen Rechtspflegeorganen liegen“ würden.[154] Doch sind die Aufgaben der Registergerichte im Wesentlichen keine richterlichen Aufgaben im Sinne des Art. 92 GG.[155] Im Vordergrund steht die „Verwaltungstätigkeit des Staates im Dienste der Privatrechtsordnung“,[156] nicht aber die „letztverbindliche Klärung der Rechtslage in einem Streitfall“[157]. Es geht – wie bei der Registerführung durch die Verwaltungsbehörden – im Kern um die Wahrnehmung von Verwaltungsaufgaben.[158] Dieser Befund rechtfertigt die Entscheidung des Gesetzgebers, die Registerangelegenheiten im Wesentlichen den Rechtspflegern zu übertragen.

c) Grundrechte

Zur Führung von Registern erheben, speichern und übermitteln die Behörden in der Regel personenbezogene Daten. Die betroffenen natürlichen oder juristischen Personen können dabei in ihren Grundrechten be-

---

152 § 23a Abs. 1 S. 1 Nr. 2 und Abs. 2 Nr. 3, 8 und 10 GVG.

153 § 3 Nr. 1 lit. a), e), h) und Nr. 2 lit. d) RPflG (Rechtspflegergesetz i. d. F. d. Bek. v. 14.4.2013, BGBl. I S. 778, ber. 2014 I S. 46); zu den dem Richter vorbehaltenen Angelegenheiten s. § 17 RPflG. Vgl. zur funktionellen Zuständigkeit im Bereich der FamFG-Registersachen *Heinemann*, in: Keidel, FamFG, 19. Aufl. 2017, § 376 FamFG Rn. 17 ff.; zur funktionellen Zuständigkeit der Aufgaben des Grundbuchamts s. *Waldner*, in: Bauer/Schaub (Hrsg.), GBO, 4. Aufl. 2018, § 1 Rn. 14 ff.

154 *Heinemann*, in: Keidel, FamFG, 19. Aufl. 2017, § 374 FamFG Rn. 1; s. auch *Krafka*, in: Münchener Kommentar zum FamFG, Bd. 2, 3. Aufl. 2019, § 374 Rn. 2, jeweils unter fragwürdiger Berufung auf den Verhältnismäßigkeitsgrundsatz.

155 Vgl. *Schulze-Fielitz*, in: Dreier (Hrsg.), GG, Bd. III, 3. Aufl. 2018, Art. 92 Rn. 44; *Hillgruber*, in: Maunz/Dürig, GG, Art. 92 Rn. 56 (Stand: 2007); *Detterbeck*, in: Sachs (Hrsg.), GG, 8. Aufl. 2018, Art. 92 Rn. 13; s. auch BVerfGE 101, 397 (404 f.): „Der Rechtspfleger entscheidet zwar innerhalb des ihm nach § 3 RPflG übertragenen Aufgabenkreises als ‚Gericht‘. Er ist aber kein Richter, weder im Sinne des Verfassungsrechts noch im Sinne des Gerichtsverfassungsrechts.“

156 *Krafka*, Einführung in das Registerrecht, 2. Aufl. 2008, Rn. 40.

157 BVerfGE 103, 111 (138); *Pieroth*, in: Jarass/Pieroth, GG, 15. Aufl. 2018, Art. 92 Rn. 4.

158 Vgl. *Smid*, Rechtsprechung, 1990, S. 397 ff.; s. auch *Ehlers*, in: Ehlers/Pünder (Hrsg.), Allgemeines Verwaltungsrecht, 15. Aufl. 2016, § 1 Rn. 8.

einträchtigt werden. Einschlägig ist in diesen Fällen vor allem das durch Art. 2 Abs. 1 i. V. m. Art. 1 Abs. 1 GG geschützte Grundrecht auf informationelle Selbstbestimmung, das dem Einzelnen[159] die Befugnis verleiht, „grundsätzlich selbst über die Preisgabe und Verwendung seiner Daten zu bestimmen."[160] Der Schutz umfasst „alle Informationen, die über die Bezugsperson etwas aussagen können. Er erstreckt sich auch auf Basisdaten wie Name und Anschrift sowie auf offenkundige oder allgemein zugängliche Informationen."[161] Gerade durch die Verknüpfung der Daten können die in den Registern „erfassten Angaben über persönliche und sachliche Verhältnisse einen neuen Stellenwert" erlangen.[162] Werden staatliche Behörden oder Gerichte aus Gründen der Registerführung ermächtigt, personenbezogene Daten zu erheben, zu speichern, zu verwenden oder weiterzugeben, liegt darin ein Eingriff in das Grundrecht auf informationelle Selbstbestimmung.[163] Das Grundrecht auf informationelle Selbstbestimmung kann zwar im überwiegenden Interesse anderer oder der Allgemeinheit eingeschränkt werden. Beschränkungen bedürfen aber einer gesetzlichen Grundlage, die den Grundsätzen der Normenklarheit und Verhältnismäßigkeit entspricht.[164] Zudem bedarf es „verfahrensrechtliche[r] Schutzvorkehrungen", wie „Aufklärungs-, Auskunfts- und Löschungspflichten".[165]

Grundrechtliche Fragen stellen sich auch, soweit der Anwendungsbereich der DSGVO eröffnet ist. Wie erwähnt, muss bei der Verarbeitung personenbezogener Daten eine Rechtsgrundlage vorliegen, die insbesondere den Zweck der Datenverarbeitung festlegt und verhältnismäßig ist.[166] Die Mitgliedstaaten sind ferner befugt, weitere spezifische Bestimmungen zu erlassen, insbesondere darüber, welche Arten von Daten verarbeitet werden, welche Personen betroffen sind und an welche Einrichtungen bzw. für welche Zwecke die personenbezogenen Daten offengelegt werden dürfen.[167] Erlässt der deutsche Gesetzgeber im Rahmen dieser sekundärrechtlichen „Öffnungsklausel" registerrechtliche Vorschriften, ist er auch

---

159 Auch juristische Personen des Privatrechts können Träger des Grundrechts auf informationelle Selbstbestimmung sein, s. BVerfGE 128, 1 (43).

160 BVerfGE 65, 1 (43); s. auch BVerfGE 128, 1 (42 ff.) hinsichtlich des Standortregisters nach § 16a GenTG.

161 BVerfGE 128, 1 (44 f.).

162 BVerfGE 128, 1 (45) hinsichtlich des Standortregisters nach § 16a GenTG.

163 Vgl. BVerfGE 128, 1 (45).

164 BVerfGE 65, 1 (44); 128, 1 (46); 133, 277 Rn. 105 ff.

165 BVerfGE 65, 1 (46) (Zitat); 128, 1 (55).

166 Vgl. Art. 6 Abs. 3 S. 1, 2 und 4 DSGVO; s. dazu Abschn. IV 1.

167 Art. 6 Abs. 3 S. 3 DSGVO.

an die nationalen Grundrechte, einschließlich des Grundrechts auf informationelle Selbstbestimmung, prinzipiell gebunden.[168] Das entspricht der Rechtsprechung des Bundesverfassungsgerichts, wonach der Gesetzgeber die Grundrechte des Grundgesetzes beachten muss, soweit er nicht durch das EU-Recht determiniert ist.[169]

V. Ausblick

Die Vielfalt der Register, ihre unterschiedlichen Zwecke und die verschiedenen registerrechtlichen Organisationsmodelle erschweren den dogmatischen Umgang mit dem Phänomen des Registers. Der dogmatische Zugriff auf die Figur des Registers ist auch wegen der unterschiedlichen Dichte und Detailliertheit der registerrechtlichen Regelungen nicht einfach, wenn man etwa die feingliedrigen Bestimmungen im Grundbuchrecht mit anderen deutlich schlankeren registerspezifischen Normkomplexen vergleicht. Rechtsgebietsübergreifende Aussagen lassen sich allerdings dem EU-Recht und dem nationalen Verfassungsrecht entnehmen, die einige Direktiven für das Registerwesen enthalten. Zudem werden bestimmte gemeinsame Grundlinien sichtbar, wenn man registertypologisch zwischen den durch die Gerichte und die Verwaltungsbehörden geführten Registern differenziert. Insoweit können gewisse bereichsspezifische Aussagen getroffen werden, auch wenn weiterer Forschungsbedarf zu verzeichnen ist. Gerade die Digitalisierung des Registerwesens, der Einsatz moderner Informations- und Kommunikationstechnologie und die Errichtung von Informationssystemen zeigen, dass das Registerwesen kein altbackenes „verstaubtes“ Forschungsgebiet ist, sondern perspektivisch Entwicklungspotential hat.

---

168 Vgl. *Marsch*, Das europäische Datenschutzgrundrecht, 2018, S. 346 f.; *Schiedermair*, in: Simitis/Hornung/Spiecker genannt Döhmann (Hrsg.), Datenschutzrecht, 2019, Einleitung Rn. 182; *Roßnagel*, NJW 2019, 1.

169 Vgl. BVerfGE 125, 260 (306 f.); 133, 277 Rn. 88. Zur Frage der parallelen Anwendung der Grundrechte der Grundrechte-Charta im Anwendungsbereich der DSGVO s. *Schiedermair*, in: Simitis/Hornung/Spiecker genannt Döhmann (Hrsg.), Datenschutzrecht, 2019, Einleitung Rn. 182; s. ferner allgemein *Jarass* in: Jarass/Pieroth, GG, 15. Aufl. 2018, Art. 1 Rn. 47.

Das Strafregister im Spannungsfeld zwischen Informationsbedürfnis und Resozialisierung

Torsten Verrel

1. Einführung

Die Fixierung strafgerichtlicher Verurteilungen[1] in einem staatlichen Register gehört zu dem breiten Spektrum der Rechtsfolgen, die eine Straftat haben kann. Im Unterschied zu den von Gerichten ausgesprochenen Strafen verfolgt die Registrierung jedoch keine repressiven Zwecke, auch wenn von der Eintragung faktisch eine Abschreckungswirkung ausgehen kann. Vielmehr dient sie dazu, staatlichen Organen und hier in erster Linie der Strafrechtspflege, die für ihre weitere Aufgabenerfüllung notwendige Kenntnis vom bisherigen Legalverhalten von Personen zu verschaffen.[2] Dem berechtigten Interesse, das diese Stellen, u.U. aber auch Privatpersonen wie etwa Arbeitgeber, an Informationen über strafrechtliche Vorauffälligkeiten anderer haben, steht das ebenso offensichtliche Interesse der von Eintragungen Betroffenen gegenüber, in ihrem weiteren Lebensweg keine Nachteile durch eine Konservierung des Wissens über ihr früheres Fehlverhalten zu erleiden. Im Folgenden wird ein Überblick[3] darüber gegeben, warum gerade in Strafverfahren ein großer Bedarf an Registrierungen früherer Verurteilungen besteht und in welchem Umfang das Bundeszentralregistergesetz (BZRG) dem Resozialisierungsinteresse strafrechtlich sanktionierter Personen, das zugleich ein gesamtgesellschaftliches Interesse ist, Rechnung trägt. Diese auch mit dem Genius loci zu rechtfertigende Be-

---

1 Der in §§ 3 Nr. 1, 4 BZRG verwendete Begriff der „Verurteilung" ist nicht mit dem in der Strafverfolgungsstatistik zugrunde gelegten Verständnis identisch. Dort meint Verurteilung die Verhängung von Strafen und förmlichen jugendstrafrechtlichen Sanktionen (*Statistisches Bundesamt*, Fachserie 10 Reihe 3, 2018, S. 15), während im Bundeszentralregister auch Maßregelanordnungen, Verwarnungen mit Strafvorbehalt sowie Schuldsprüche nach § 27 JGG erfasst werden, der größte Teil der jugendstrafrechtlichen Sanktionen dagegen nicht im Zentralregister, sondern im Erziehungsregister eingetragen wird; näher dazu s. sogleich u. 3.

2 *Meier*, Strafrechtliche Sanktionen, 4. Aufl. 2015, 451.

3 Eine ausführliche Darstellung findet sich bei *Veith*, Das Bundeszentralregister. Eine Einführung, BewHi 1999, 111-133.

schränkung auf das vom Bundesamt für Justiz geführte Zentralregister und Erziehungsregister, die zusammen das Bundeszentralregister bilden (§ 1 Abs. 1 BZRG), lässt folglich das in §§ 28 ff. StVG geregelte Verkehrszentralregister in Flensburg außer Betracht. Nicht näher eingegangen wird ferner auf das ebenfalls vom Bundesamt für Justiz geführte zentrale staatsanwaltliche Verfahrensregister nach §§ 492 ff. StPO, in das Daten über strafrechtliche Ermittlungsverfahren eingetragen werden.

2. *Strafrechtliche Bedeutung von Vorauffälligkeiten*

In einem Strafverfahren kommt es in vielen Kontexten auf die Frage an, ob und ggf. mit welchen Folgen der Beschuldigte schon einmal strafrechtlich auffällig geworden ist. Das betrifft nicht nur die nach den Erkenntnissen der Strafzumessungsforschung zentrale Bedeutung, die etwaigen Vorstrafen des Beschuldigten für die *Strafzumessung* zukommt,[4] sondern ist auch immer dann relevant, wenn Sanktionen von einer *prognostischen Beurteilung* abhängen, wie etwa bei einer Strafaussetzung zur Bewährung, bei der Anordnung einer ambulanten oder stationären Maßregel der Besserung und Sicherung oder bei den in besonderer Weise spezialpräventiv ausgerichteten Sanktionen des Jugendstrafrechts.

Mitunter begnügt sich das StGB nicht damit, allgemein das „Vorleben“ als einen für die Prognose relevanten Umstand hervorzuheben („namentlich“), sondern macht exakte Vorgaben zu der Art und Anzahl der Vorverurteilungen. Dies gilt etwa für die formellen Anordnungsvoraussetzungen der Sicherungsverwahrung nach §§ 66, 66a, 66b StGB. Die Mindestsperrfristvorgabe in § 69a Abs. 3 StGB für innerhalb der letzten drei Jahre schon einmal mit einer Sperre belegte Täter ist ein Beispiel für eine Norm, die auch die Sanktionshöhenbemessung in ganz konkreter Weise an das Vorliegen von früheren strafrechtlichen Sanktionen bindet.

Das bisherige Verhalten des Beschuldigten spielt aber nicht nur bei der Auswahl und Bemessung förmlicher gerichtlicher Sanktionen eine Rolle, sondern ist auch ein ganz wesentlicher Gesichtspunkt bei der Entscheidung darüber, ob das Verfahren informell durch eine staatsanwaltliche oder gerichtliche *Opportunitätseinstellung* nach §§ 153 ff. StPO[5] oder auch

---

4 S. nur *Streng*, Strafrechtliche Sanktionen, 3. Aufl. 2012, Rn. 565, 744.

5 Diese Verfahrensabschlüsse werden im soeben erwähnten staatsanwaltlichen Verfahrensregister eingetragen, dessen Betrieb in einer nach § 494 Abs. 4 StPO erlassenen Verordnung (ZStrVBetrV) geregelt ist, abrufbar unter

mittels *Strafbefehl* (§§ 407 ff. StPO) erledigt werden kann. Schließlich sind Erkenntnisse über bisherige strafrechtliche Auffälligkeiten auch für die Ausrichtung der Arbeit und Maßnahmen der *Strafvollzugsbehörden* sowie der *Bewährungshilfe* von großem Interesse und insoweit eine Resozialisierungshilfe.[6]

3. *Interessensausgleich*

Um sich einen Überblick darüber zu verschaffen, wie das BZRG mit dem Spannungsverhältnis zwischen Informations- und Resozialisierungsinteresse umgeht, kann in Anlehnung an die Einstiegsfrage in der zivilrechtlichen Fallbearbeitung danach gefragt werden, *was* wird *wie lange* registriert und *wer* erhält *worüber* Auskunft?

a) *Inhalt der Eintragungen*

Nach § 4 BZRG werden rechtskräftige Entscheidungen eingetragen, die Strafen, Maßregeln, Verwarnungen mit Strafvorbehalt oder nach § 27 JGG vorbehaltene Verurteilungen zu Jugendstrafe zum Gegenstand haben. Nicht eingetragen werden das Absehen von Strafe und informelle Verfahrenserledigungen. Daraus ergibt sich die Regelungssystematik und erste Beschränkung von Eintragungen im Zentralregister dergestalt, dass die Verhängung bzw. der Vorbehalt von Strafe oder die eine positive Gefährlichkeitsprognose voraussetzende Anordnung von Maßregeln zur Eintragung führen, während reine Schuldsprüche und Verfahrenseinstellungen[7] dort nicht erscheinen. Sofern es sich nicht um die ohnehin im Zentralregister vermerkten (vorbehaltenen) Jugendstrafen und damit verbundene Sanktionen (§ 5 Abs. 2 BZRG) oder um auch nach Jugendstrafrecht mögliche Maßregeln handelt, werden alle anderen förmlichen jugendstrafrechtlichen Sanktionen ebenso wie die häufig gewählten informellen Erledigungen nach §§ 45, 47 JGG ebenso wie Freisprüche oder Einstellungen wegen fehlender Reife nach § 3 JGG in das Erziehungsregister eingetragen (§§ 59 ff BZRG).

---

https://www.bundesjustizamt.de/DE/Themen/Gerichte_Behoerden/ZStV/ZStV_node.html (letzter Abruf am 23.3.2020).

6 *Veith* (o. Fn. 3), 112.

7 S. o. Fn. 5.

b) Dauer der Eintragung

Dem Interesse des Registrierten am „Vergessen“ früheren Fehlverhaltens können die Vorschriften über die *Tilgung von Eintragungen* zugeordnet werden. Die Tilgungsfristen richten sich u.a. nach der Sanktionsart- und schwere. Sie reichen von minimal 5 Jahren bis zu maximal 20 Jahren (§ 46 BZRG). Sind mehrere Verurteilungen eingetragen, kommt es erst dann zu einer Tilgung, wenn für alle Verurteilungen die Tilgungsfristen abgelaufen sind (§ 47 Abs. 3 BZRG). Gar nicht getilgt werden Eintragungen von Verurteilungen zu lebenslanger Freiheitsstrafe sowie von Unterbringungen in Sicherungsverwahrung oder einem psychiatrischen Krankenhaus (§ 45 Abs. 3 BZRG). Allerdings werden alle Eintragungen, die eine über 90 Jahre alte Person betreffen, aus dem Register entfernt (§ 24 Abs. 2 BZRG).

Nach Ablauf der Tilgungsfrist werden die Eintragungen nicht sogleich aus dem Register entfernt, sondern es tritt die sog. Tilgungsreife ein. Zur endgültigen Löschung kommt es ein Jahr später (§ 45 Abs. BZRG). Dies hat den Sinn, noch Verurteilungen berücksichtigen zu können, die erst nach Eintritt der Tilgungsreife beim Bundesamt für Justiz eingehen, aber davor ergangen sind und daher gem. § 47 Abs. 3 BZRG zu einer späteren Tilgung führen. Mit Erreichen der Tilgungsreife darf nur noch der betroffenen Person Auskunft erteilt werden.

Das BZRG belässt es nicht dabei, die Tilgung nach Fristablauf vorzusehen, sondern sichert die Tilgung mit einem *Verwertungsverbot* in § 51 Abs. 1 BZRG ab. Dies hat insbesondere für Strafverfahren die Konsequenz, dass sowohl der Umstand der früheren Verurteilung, als auch die zugrundeliegende Tat keine Berücksichtigung mehr finden dürfen, selbst wenn anderweitige Kenntnis darüber vorhanden ist bzw. erlangt werden könnte z.B. durch eine Befragung des Beschuldigten oder eines Zeugen. Mit der Tilgung sind die Tat und die Verurteilung im Rechtsverkehr nicht mehr existent und gleichsam aus dem staatlichen Gedächtnis gelöscht. Davon macht allerdings § 52 BZRG Ausnahmen u.a. für den Fall, dass die Umstände der früheren Tat in einem erneuten Strafverfahren von Bedeutung sind, in dem die Schuldfähigkeit oder Gefährlichkeit des Betroffenen zu begutachten ist. Die Tilgung hat weiterhin die für die Wiedereingliederung wichtige Folge, dass sich der Verurteilte „als unbestraft bezeichnen“ darf und „den der Verurteilung zugrunde liegenden Sachverhalt nicht zu offenbaren“ braucht (§ 53 Abs. 1 Nr. 2 BZRG).

c) Auskunftsberechtigte

Der Umstand einer Registrierung im Bundeszentralregister sagt noch nichts darüber aus, *wer* und *in welchem Umfang* Auskunft über den Inhalt des Registers erhalten darf. Eine *unbeschränkte Auskunft* erhält nur ein begrenzter Kreis staatlicher Stellen, namentlich Staatsanwaltschaften und Gerichte oder z.B. Finanz- und Ausländerbehörden (§ 41 Abs. 1 Nrn. 1, 4, 7 BZRG). Außerdem hat der Betroffene selbst ein solches Auskunftsrecht, das er jedoch nur im Wege persönlicher Einsichtnahme und allein beim Bundesamt für Justiz oder einer anderen im Gesetz genannten Stelle wahrnehmen kann (§ 42 BZRG). Im Übrigen bekommt der Betroffene nur eine *beschränkte Auskunft* in Form des *Führungszeugnisses*, in das nämlich nicht alle im Bundeszentralregister enthaltenen Verurteilungen aufgenommen werden. Ein Führungszeugnis kann vom Betroffenen zu privaten Zwecken (§ 30 Abs. 4 BZRG) etwa zur Vorlage bei einem Arbeitgeber oder als Behördenführungszeugnis beantragt werden, das der Behörde unmittelbar zugesendet wird (§ 30 Abs. 5 BZRG). In den Fällen des § 31 BZRG kann eine Behörde auch selbst ein Führungszeugnis beantragen.

Im Führungszeugnis erscheinen beispielsweise keine Verurteilungen zu Geldstrafen von nicht mehr als 90 Tagessätzen oder zu Freiheitsstrafen von nicht mehr als 3 Monaten sofern keine andere Verurteilung eingetragen ist (§ 32 Abs. Nr. 5 BZRG); ausgenommen sind etwa auch bestimmte Freiheitsstrafen unter 2 Jahren, die im Zusammenhang mit Betäubungsmittelabhängigkeit stehen (§ 32 Abs. Nrn. 6 und 7 BZRG). Ein weiterer die Resozialisierung fördernder Effekt der Nichtaufnahme dieser und anderer Sanktionen in das Führungszeugnis besteht darin, dass sich der Verurteilte ebenso wie im Falle der Tilgung als unbestraft bezeichnen darf und nicht offenbarungspflichtig ist (§ 53 Abs. 1 Nr. 1 BZRG). Eine Beschränkung liegt schließlich auch darin, dass Fristen für die Aufnahme von Verurteilungen in das Führungszeugnis vorgesehen sind, die 3 bis 10 Jahre betragen (§ 34 BZRG) und damit kürzer als die Tilgungsfristen sind.

Die Vorschriften über die Nichtaufnahme von Verurteilungen in das Führungszeugnis sehen jedoch eine generelle Ausnahme für Verurteilungen wegen einer Sexualstraftat nach §§ 174-180 und 182 StGB vor (§ 32 Abs. 1 S. 2 BZRG). Darüber hinaus werden abweichend vom regulären Führungszeugnis Verurteilungen wegen anderer Sexualdelikte und wegen für den Schutz von Kindern und Jugendlichen bedeutsamer Delikte in das *erweiterte Führungszeugnis* aufgenommen, das für bestimmte Tätigkeiten im Kontakt mit Minderjährigen benötigt wird (§§ 30a, 32 Abs. 5 BZRG).

In welchem Umfang Auskünfte aus dem Bundeszentralregister für *wissenschaftliche Zwecke* eingeholt werden können, regelt § 42a BZRG unter besonderer Beachtung datenschutzrechtlicher Vorkehrungen. Dieser Datenzugang hat große Bedeutung für die kriminologische Forschung, namentlich für Rückfalluntersuchungen.

d) *Privilegierungen bei jugendstrafrechtlichen Entscheidungen*

Wegen der besonders nachteiligen Folgen, die Registrierungen von jungen Tätern für deren weiteren Lebensweg haben, enthält das Registerrecht Sonderregeln mit dem Ziel, die stigmatisierenden Wirkungen einer Registrierung für diesen Personenkreis abzumildern. Dies beginnt bereits damit, dass ein großer Teil der jugendstrafrechtlichen Sanktionen gar nicht in das Zentral-, sondern allein in das *Erziehungsregister* eingetragen wird, aus dem nur ein begrenzter Kreis von Behörden Auskunft erhalten kann (§ 61 BZRG). Außerdem muss der Betroffene Erziehungsregistereintragungen nicht offenbaren (§ 64 Abs. 1 BZRG). Die in das Zentralregister eingetragenen (vorbehaltenen) Verurteilungen zu Jugendstrafen werden in bestimmten Fällen nicht in das für Bewerbungen relevante Führungszeugnis übernommen (§ 32 Abs. 2 Nr. 2 - 4 BZRG), das damit einen im Vergleich zu Verurteilungen nach Erwachsenenstrafrecht nochmals beschränkteren Inhalt hat.[8] Ergänzt werden diese Besserstellungen durch kürzere Aufnahme- und Tilgungsfristen (§§ 34, 46 BZRG). Zu den nicht in das Führungszeugnis aufgenommenen Verurteilungen gehören die nur im Jugendstrafrecht vorkommenden Fälle der Strafmakelbeseitigung (§ 97 ff. JGG), die außerdem dazu führt, dass sich der Kreis der auskunftsberechtigten Behörden nochmals verengt (§ 41 Abs. 2 BZRG). Zudem führt die Strafmakelbeseitigung zu kürzeren Tilgungsfristen (§ 46 Abs. 1 Nr. 1 f BZRG). Von der Strafmakelbeseitigung ausgenommen sind wiederum Verurteilungen wegen einer Sexualstraftat (§§ 97 Abs. 1 S. 3, 100 S. 2 JGG).

4. *Fazit*

Die Regelungen von Strafregistereintragungen lassen das Bemühen erkennen, einen Ausgleich zwischen dem Informationsinteresse insbesondere staatlicher Stellen und dem Interesse sowohl des Verurteilten als auch der

8 Es bleibt allerdings bei der Gegenausnahme von Verurteilungen wegen einer Sexualstraftat, die wegen ihrer mangelnden Differenziertheit auch gegenüber jungen Tätern erst recht kritikwürdig ist.

Gesellschaft an seiner Wiedereingliederung zu schaffen. Dies geschieht vor allem durch die Differenzierung zwischen Eintragungen in das Bundeszentralregister und der Aufnahme von Verurteilungen in das Führungszeugnis oder in das Erziehungsregister mit der Folge unterschiedlich weiter Auskunftsberechtigungen und Offenbarungsverpflichtungen. Registerrechtliche Privilegierungen erfahren insbesondere und zu Recht nach Jugendstrafrecht Verurteilte. Die auch für junge Täter pauschal geltenden Ausnahmen für einen weiten Katalog von Sexualstraftaten, der eine erhebliche Spannbreite der Deliktschwere aufweist, löst das Spannungsverhältnis dagegen einseitig auf. Die registerrechtlichen Folgen einer Sanktionierung werden bei der Sanktionsentscheidung antizipiert und sind beispielsweise ein Grund für den Siegeszug der Diversion oder für das Ringen um die Einhaltung bestimmter Strafmaßgrenzen. Trotz seiner gut erschließbaren Grundstruktur ist das Registerrecht wegen seiner zahlreichen Ausnahmen und Gegenausnahmen vor allem bei der Berechnung von Fristen eine nicht nur für den Laien komplizierte Rechtsmaterie. So gilt für das Bundeszentralregister in der Tat: „Jeder braucht es, keiner kennt es."[9] Aus kriminologischer Sicht stellen Registerdaten eine unverzichtbare Erkenntnisquelle zur Erforschung der strafrechtlichen Verbrechenskontrolle, insbesondere zur Untersuchung der Effizienz strafrechtlicher Sanktionen dar.

---

9 *Veith* (o. Fn. 6), 111.

Zeitfracht Medien GmbH
Ferdinand-Jühlke-Straße 7
99095 Erfurt, Deutschland
produktsicherheit@kolibri360.de